Mantenimiento del *software*

Rafael Jesús Pérez Carvajal

ic editorial

Mantenimiento del *software*
© Rafael Jesús Pérez Carvajal

1ª Edición

Editado por: IC Editorial
c/ Cueva de Viera, 2, Local 3
Centro Negocios CADI
29200 Antequera (Málaga)
Teléfono: 952 70 60 04
Fax: 952 84 55 03
Correo electrónico: iceditorial@iceditorial.com
Internet: www.iceditorial.com

ISBN: 978-84-1184-468-0
Depósito Legal: MA 2637-2024

Impresión: PODiPrint
Impreso en Andalucía – España

Nota de la editorial: IC Editorial pertenece a Innovación y Cualificación S. L.

Presentación del manual

El **Certificado de Profesionalidad** es el instrumento de acreditación, en el ámbito de la Administración laboral, de las cualificaciones profesionales del Catálogo Nacional de Cualificaciones Profesionales adquiridas a través de procesos formativos o del proceso de reconocimiento de la experiencia laboral y de vías no formales de formación.

El elemento mínimo acreditable es la **Unidad de Competencia.** La suma de las acreditaciones de las unidades de competencia conforma la acreditación de la competencia general.

Una **Unidad de Competencia** se define como una agrupación de tareas productivas específica que realiza el profesional. Las diferentes unidades de competencia de un certificado de profesionalidad conforman la **Competencia General,** definiendo el conjunto de conocimientos y capacidades que permiten el ejercicio de una actividad profesional determinada.

Cada **Unidad de Competencia** lleva asociado un **Módulo Formativo,** donde se describe la formación necesaria para adquirir esa **Unidad de Competencia,** pudiendo dividirse en **Unidades Formativas.**

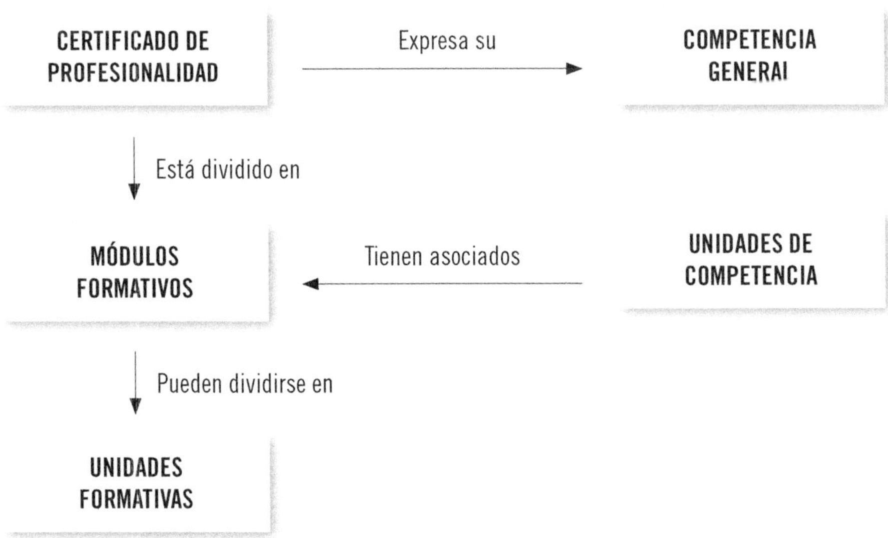

El presente manual desarrolla la Unidad Formativa **UF1894: Mantenimiento del software,**

perteneciente al Módulo Formativo **MF0485_3: Administración software de un sistema informático,**

asociado a la unidad de competencia **UC0485_3: Instalar, configurar y administrar el software de base y de aplicación del sistema,**

del Certificado de Profesionalidad **Gestión de sistemas informáticos.**

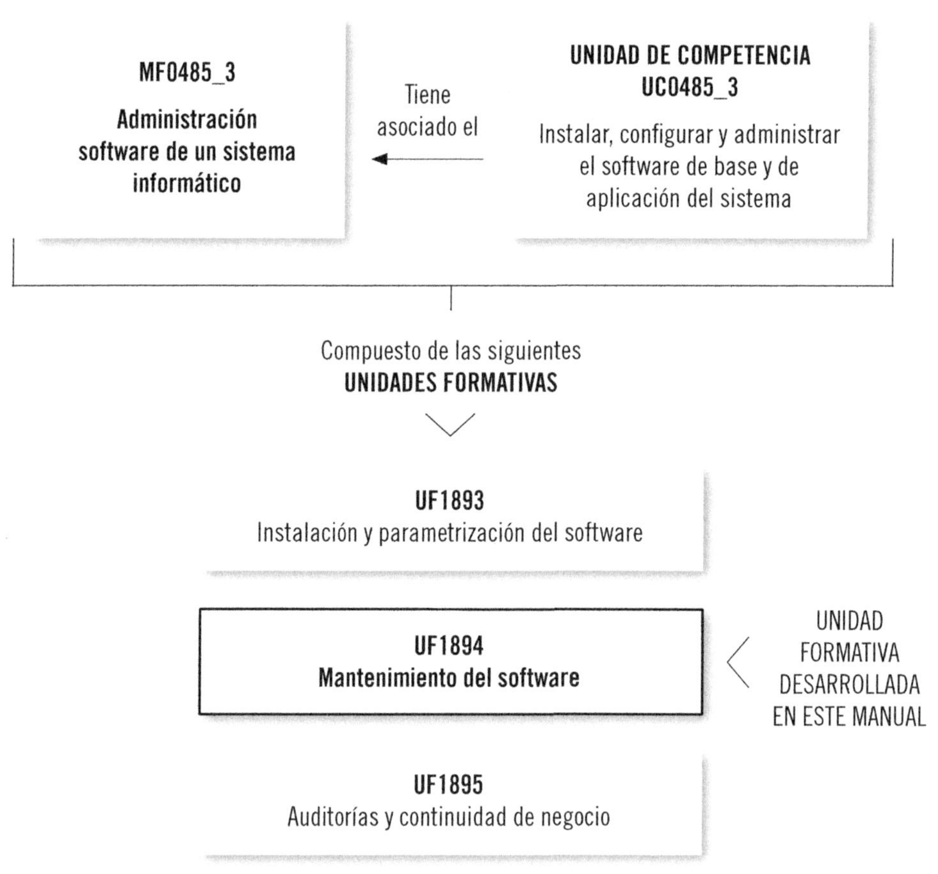

FICHA DE CERTIFICADO DE PROFESIONALIDAD

(IFCT0510) GESTIÓN DE SISTEMAS INFORMÁTICOS (R. D. 1531/2011, de 31 de octubre modificado por el R. D. 628/2013, de 2 de agosto)

COMPETENCIA GENERAL: Configurar, administrar y mantener un sistema informático a nivel de hardware y software, garantizando la disponibilidad, óptimo rendimiento, funcionalidad e integridad de los servicios y recursos del sistema.

Cualificación profesional de referencia	Unidades de competencia		Ocupaciones o puestos de trabajo relacionados:
IFC152_3 GESTIÓN DE SISTEMAS INFORMÁTICOS (R. D. 1087/2005, de 16 de septiembre)	UC0484_3	Administrar los dispositivos hardware del sistema	• 2721.1018 Administrador de sistemas de redes • Administrador de sistemas • Responsable de informática
	UC0485_3	Instalar, configurar y administrar el software de base y de aplicación del sistema	
	UC0486_3	Asegurar equipos informáticos	

Correspondencia con el Catálogo Modular de Formación Profesional

Módulos certificado	Unidades formativas	Horas
MF0484_3: Administración hardware de un sistema informático	UF1891: Dimensionar, instalar y optimizar el hardware	70
	UF1892: Gestionar el crecimiento y las condiciones ambientales	50
MF0485_3: Administración software de un sistema informático	UF1893: Instalación y parametrización del software	90
	UF1894: Mantenimiento del software	70
	UF1895: Auditorías y continuidad de negocio	50
MF0486_3: Seguridad en equipos informáticos		90
MP0398: Módulo de prácticas profesionales no laborales		80

Índice

Bloque 1
Planes de mantenimiento

Capítulo 1
Conocer la utilidad y funciones de los planes de mantenimiento

1. Introducción 11
2. Mantener actualizado el *software* 11
3. Gestionar el antivirus 19
4. Formar a los usuarios en las labores de mantenimiento que deben realizar 22
5. Optimizar el sistema de archivos 23
6. Resumen 27
Ejercicios de repaso y autoevaluación 29

Capítulo 2
Diseñar, desarrollar y documentar el plan de mantenimiento

1. Introducción 37
2. Diseñar los mantenimientos proactivos 38
3. Documentar los mantenimientos reactivos 49
4. Resumen 55
Ejercicios de repaso y autoevaluación 57

Capítulo 3
Gestionar los problemas frecuentes

1. Introducción 63
2. Localizar y documentar los problemas frecuentes 64
3. Resolver los casos de problemas frecuentes 75
4. Dotar a los usuarios de medios para solucionar por sus propios medios los problemas frecuentes 81
5. Atajar la causa raíz de los problemas frecuentes 89
6. Resumen 93
Ejercicios de repaso y autoevaluación 95

Capítulo 4
Utilizar el conocimiento adquirido con la experiencia

1. Introducción 101
2. Consultar las bases de datos de conocimiento acorde con las normas establecidas en la organización 101
3. Actualizar las base de datos de conocimiento con nueva información derivada de las actividades de mantenimiento 123
4. Resumen 125
Ejercicios de repaso y autoevaluación 127

Capítulo 5
Atender al usuario

1. Introducción 133
2. Registrar las solicitudes de los usuarios, estableciendo una correcta priorización en su resolución 134
3. Informar al usuario del estado de resolución de su solicitud y del tiempo estimado de resolución de la misma 160
4. Formar al usuario en los procedimientos y canales adecuados para la solicitud de servicio y notificación de incidente, así como en las posibles soluciones a aplicar ante la aparición de problemas frecuentes 165
5. Resumen 177
Ejercicios de repaso y autoevaluación 179

Capítulo 6
Actualizar el sistema, manteniéndolo al día en las versiones adecuadas a las funcionalidades requeridas por las necesidades, y a los requisitos de seguridad del sistema

1. Introducción 185
2. Actualizar el sistema operativo 186
3. Actualizar las aplicaciones 196
4. Parchear el sistema operativo 200
5. Parchear las aplicaciones 204
6. Resumen 209
Ejercicios de repaso y autoevaluación 211

Bloque 2

Optimización del uso de los recursos

Capítulo 1

Comprobar la adecuación del rendimiento del sistema a las necesidades de la organización

1. Introducción 219
2. Seleccionar los parámetros a medir para comprobar el rendimiento del sistema 219
3. Establecer la monitorización necesaria para medir el rendimiento del sistema 227
4. Representar gráficamente el rendimiento del sistema, interpretándolo y estableciendo la adecuación o no a las necesidades de la organización 230
5. Proponer las mejoras necesarias para el incremento del rendimiento 234
6. Utilizar las herramientas de modelado para predecir el rendimiento del sistema en base a las previsiones de incremento de carga del sistema 236
7. Resumen 241

Ejercicios de repaso y autoevaluación 243

Capítulo 2

Realizar pruebas de carga para comprobar la escalabilidad del sistema y su adecuación a las necesidades presentes y futuras de la organización

1. Introducción 251
2. Seleccionar las herramientas adecuadas para la realización de las pruebas de carga en función de los servicios a prestar 251
3. Diseñar e implementar el plan de pruebas de carga 254
4. Realizar las pruebas de carga sin provocar problemas de disponibilidad de servicio en el sistema en producción 262
5. Representar e interpretar el resultado de las pruebas de carga 264
6. Resumen 269

Ejercicios de repaso y autoevaluación 271

Bibliografía 277

Bloque 1

Planes de mantenimiento

Contenido

1. Conocer la utilidad y funciones de los planes de mantenimiento
2. Diseñar, desarrollar y documentar el plan de mantenimiento
3. Gestionar los problemas frecuentes
4. Utilizar el conocimiento adquirido con la experiencia
5. Atender al usuario
6. Actualizar el sistema

Capítulo 1

Conocer la utilidad y funciones de los planes de mantenimiento

Contenido

1. Introducción
2. Mantener actualizado el *software*
3. Gestionar el antivirus
4. Formar a los usuarios en las labores de mantenimiento que deben realizar
5. Optimizar el sistema de archivos
6. Resumen

1. Introducción

Se conoce como plan de mantenimiento de *software* a las directrices y procedimientos que se deben seguir para prevenir o solucionar cualquier fallo o avería en el *software* de un equipo informático.

En la actualidad, prácticamente la totalidad de las empresas, independientemente de su tamaño, cuentan con un soporte informático para la realización de diversas tareas (contabilidad, registro de tareas internas, calendario, etc.). Cualquier tipo de error en el *software* que se utilice para alguna de estas tareas podría suponer la paralización de los trabajos que se estén realizando, con la consiguiente pérdida de tiempo y dinero.

Con los planes de mantenimiento de *software* se busca prevenir este tipo de errores, en la medida de lo posible, llevando a cabo tareas de mantenimiento periódicas para asegurar su correcto funcionamiento. Además, en caso de la inevitabilidad de una avería de *software*, se llevaría a cabo un procedimiento específico para solucionarla, quedando registrado y procediendo a tomarse las medidas correspondientes para que dicho error no vuelva a ocurrir.

A lo largo de este capítulo, se verán las ventajas de contar con un plan de mantenimiento de *software*, así como las acciones básicas que se deben realizar en cuanto al mismo.

2. Mantener actualizado el *software*

El *software* es el componente lógico de cualquier equipo informático que hace la función de intermediario entre el usuario y la computadora. Traduce las órdenes que el usuario le envía mediante los periféricos de entrada (teclado, ratón, etc.) a operaciones que realiza la máquina, para luego mostrar el resultado por los periféricos de salida (por ejemplo el monitor).

Se puede clasificar el *software* de la siguiente manera:

- **Sistema Operativo (en adelante SO):** es el *software* básico que debe tener cualquier equipo informático. En base a él se determina todo el *software* que se puede instalar en la computadora e incluso algunos periféricos *hardware*.

- **Navegador:** es el programa que permite al usuario explorar Internet. Utilizar un buen navegador es primordial para la seguridad de la computadora, ya que, al estar directamente en contacto con la red, cualquier agujero de seguridad en el mismo es propicio para la intrusión de gusanos o cualquier tipo de *malware*.
- ***Plugins:*** no son programas por sí mismos, sino complementos que mejoran o añaden funcionalidades nuevas a otro *software* (por ejemplo la capacidad de reproducir vídeos desde un navegador se debe a un *plugin)*.
- **Otro *software:*** se denominará así al resto de programas de la computadora, como procesadores de textos, editores de imágenes, *software* de contabilidad, etc. Es *software* para realizar tareas específicas y es prácticamente único para cada equipo y usuario.

Mantener el *software* actualizado es imprescindible para preservar la seguridad del equipo, así como para conseguir un correcto funcionamiento.

Nota

Antes de actualizar el *software* de un ordenador, conviene revisar las especificaciones técnicas del equipo.

2.1. Actualizar el Sistema Operativo (SO)

Mantener el SO actualizado es un punto fundamental para el mantenimiento del ordenador. Un equipo desactualizado puede causar problemas con el *hardware* y con el *software* que se instale en el mismo. El primer paso para actualizar el SO es identificar cuál es el que se está usando. Este manual se centrará en dos SO: *Windows* y *Linux*.

La principal diferencia entre ambos es que *Windows* pertenece a una corporación (Microsoft) y es un SO que hay que comprar, mientras que *Linux* es lo que se conoce como *software* libre, es decir, es un SO completamente gratuito desarrollado y actualizado por los propios usuarios.

Cada uno tiene sus diferencias en cuanto al uso y a la actualización.

Actualización del SO Windows (versión 11)

En *Windows 11* el usuario puede decidir cuándo y cómo obtener las últimas actualizaciones para que el dispositivo siga protegido y funcionando de forma eficaz. En la mayoría de ocasiones se requiere el reinicio del dispositivo para completar el proceso de actualización. Además, debes asegurarte de que el dispositivo esté enchufado cuando se vayan a realizar las actualizaciones.

Para buscar manualmente las actualizaciones recomendadas más recientes se debe seguir estos pasos:

- **Inicio → Configuración → Windows Update.**
- También se realizar en el buscador de Windows, indicando: "Windows Update".

En este panel, entre otras acciones, se puede programar el reinicio, buscar actualizaciones, instalarlas o ver el historial de actualizaciones. Además, cuando el dispositivo encuentra nuevas actualizaciones de las aplicaciones instaladas mostrará un aviso al usuario. Algunas se realizan de manera automática y otras se requieren confirmación. Esto puede configurarse.

Actualización del SO Linux (versión Ubuntu)

Ubuntu, al igual que *Windows,* permite la configuración automática de las actualizaciones. Para ello, se habrán de seguir los siguientes pasos:

- Pulsar en la esquina superior derecha del escritorio.
- Hacer clic en **Configuración.**
- Hacer clic en **Acerca de.**
- Una vez dentro de esta pantalla, pulsar **Actualizaciones de software.**
- En la pantalla que se abre, hay que acceder a **Actualizaciones.** Aquí se puede configurar la periodicidad de las actualizaciones, notificaciones acerca de estas y permite "suscribirse" a actualizaciones. Esto quiere decir que solo se realizarán los tipos de actualizaciones que ofrece esta opción.

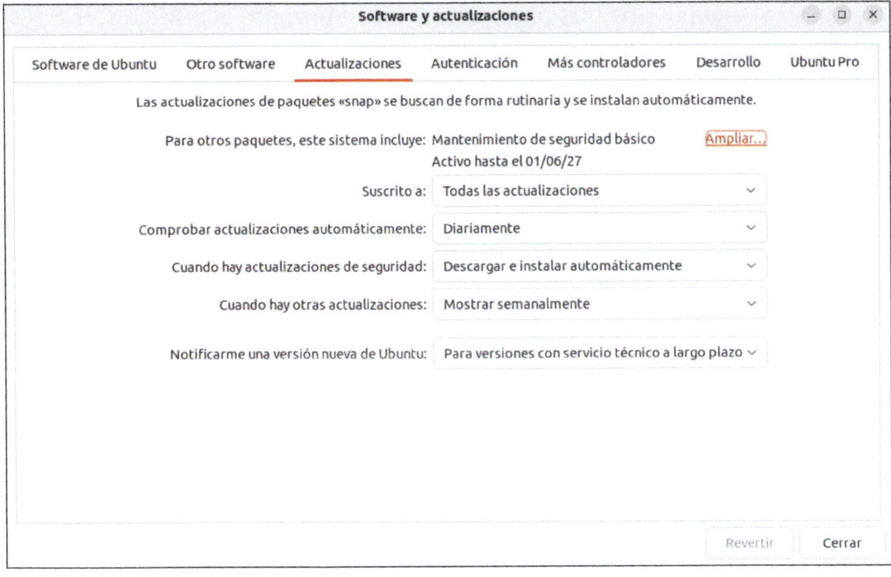

Gestor de actualizaciones de Ubuntu 22.04

Ubuntu ofrece la posibilidad de actualizar la versión completa del SO, de la que se publica una versión estable cada seis meses. A esta opción se la denomina **Actualizar la distribución.**

Actividades

1. Defina con sus propias palabras qué es el *software.*
2. Investigue y describa, utilizando las herramientas que considere adecuadas, un ejemplo de cada uno de los tipos de *software* descritos.

2.2. Actualizar el navegador

El navegador de Internet es uno de los *software* más vulnerable a ataques externos. Es importante mantenerlo actualizado para prevenir la entrada de *software* malicioso al equipo. Los tres navegadores más utilizados son *Microsoft Edge, Google Chrome* y *Mozilla Firefox.*

Actualizar Microsoft Edge

Microsoft Edge es el navegador por defecto de los SO Windows. Únicamente funciona en estos SO y se instala la instalar *Windows* en el equipo. Para actualizar *Microsoft Edge* se han de seguir los siguientes pasos:

- Abrir *Microsoft Edge*
- Ir a **Ayuda y comentarios**
- Hacer clic en **Acerca de Microsoft Edg"**

Una vez en esta pantalla, el dispositivo buscará automáticamente las últimas actualizaciones. Se puede ver también la versión que hay instalada actualmente.

Otra forma de actualizar *Microsoft Edge* es acudiendo a su página web y descargando la última versión de forma gratuita.

Actualizar Google Chrome

Este navegador es multiplataforma, es decir, que funciona bajo múltiples SO.

Para actualizar *Google Chrome,* solo es necesario hacer clic en el menú **Herramientas** y seguidamente en **Acerca de Google Chrome.** Esto comprobará si está instalada en el equipo la última versión y, si detecta que existen actualizaciones disponibles, ejecutará un actualizador automático que el usuario deberá confirmar.

Al igual que en *Microsoft Edge,* visitar la página web de *Google Chrome* con cualquier navegador permitirá descargar la última versión disponible.

Actualizar Mozilla Firefox

Mozilla Firefox es también un navegador multiplataforma. Para comprobar si hay actualizaciones disponibles, hay que hacer clic en el menú **Ayuda** y

Acerca de Firefox. Automáticamente, iniciará la descarga de la última versión si es que no está instalada.

Otra forma de mantener actualizado *Firefox* es visitando su web y descargando gratuitamente la última versión disponible.

2.3. Actualizar los *plugins*

Un *plugin* es un complemento a un *software* determinado que lo capacita para realizar acciones que por sí mismo y su configuración por defecto no es capaz de ejecutar. Prácticamente todos los *software* del mercado permiten la utilización de *plugins*, pero los más comprometedores para la seguridad del equipo informático son los que conciernen a los navegadores de Internet.

Por norma general, cuando el usuario visita una web que requiere la instalación de un *plugin* para la correcta visualización del sitio, el propio navegador mostrará un aviso informando de la necesidad de instalar el *plugin*. Se recomienda tener mucho cuidado al instalar este tipo de *software*, ya que una de las grandes vulnerabilidades de los navegadores es precisamente esta, la posibilidad de ampliar su funcionalidad con este *software*. No se recomienda al usuario instalar *plugins* tales como barras de búsqueda o herramientas adicionales o reproducción de vídeo en webs que no tengan soporte *flash*, ya que en gran medida suelen ser *malware* y provocan una disminución significativa en la estabilidad y funcionalidad del ordenador.

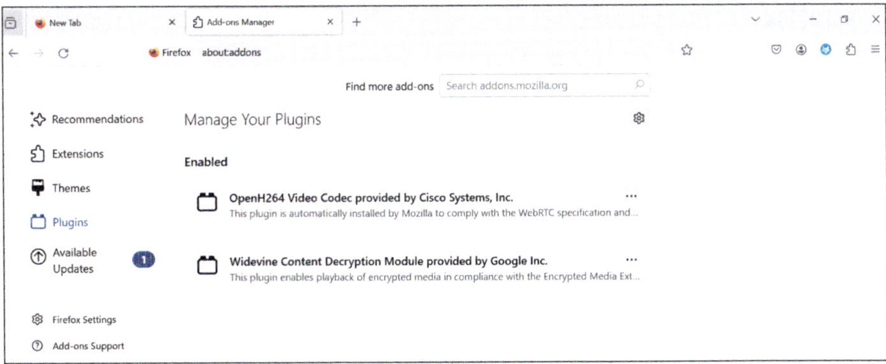

Administrador de plugins de Mozilla Firefox

Para actualizar este tipo de *software,* basta con visitar el sitio web oficial del *plugin* y automáticamente el navegador informará paso por paso de cómo instalarlo, ofreciendo luego un test para comprobar su correcta instalación o actualización.

2.4. Actualizar otro tipo de *software*

Conviene actualizar todo el *software* del ordenador periódicamente, sobre todo si se trata de una empresa. Para actualizar cada programa, conviene ponerse en contacto con el proveedor del *software* o consultar el manual del mismo para saber los pasos necesarios, ya que cada uno tiene su propio sistema de actualización.

Aplicación práctica

El gerente de TransPorCar S. L. acaba de adquirir un nuevo ordenador para la empresa. Ha comprado junto a este un pack de *software* que contiene el SO, antivirus y un *software* específico para gestionar la contabilidad. Primeramente, actualizó el *software* de contabilidad, ya que necesitaba poner al día la misma, y, acto seguido, comenzó a introducir datos. Posteriormente, actualizó el SO y el antivirus. Al terminar la actualización de todo el equipo y reiniciar el mismo para que surtan efecto, se encuentra con la desagradable sorpresa de que el *software* de contabilidad ha dejado de funcionar.

Explique cuál ha podido ser la causa por la que este *software* ha dejado de funcionar.

SOLUCIÓN

Al actualizar en primer lugar el *software* específico (de contabilidad en este caso) y posteriormente el SO, se ha podido generar una incompatibilidad entre el SO y el *software* específico, causando que este último deje de funcionar. Para evitar esto, se debe actualizar en primer lugar el SO, pero comprobando antes que el *software* específico es compatible con la versión a instalar del SO.

3. Gestionar el antivirus

El antivirus es uno de los *software* más importantes del equipo informático. Su finalidad es detectar y eliminar los archivos maliciosos que puedan entrar en el ordenador, causando un incorrecto funcionamiento de este o incluso la pérdida o robo de archivos y datos susceptibles de ser interesantes para terceras personas.

3.1. Elección de un antivirus

A la hora de elegir un antivirus, es importante formular unas preguntas:

- ¿Qué uso tendrá el ordenador en el cual se instalará el antivirus?
- ¿Qué tipo de usuario lo utilizará?
- ¿Qué potencia tiene el ordenador?

Las posibles respuestas a estas preguntas son casi infinitas, pero son fundamentales para conseguir decidir qué tipo de antivirus es el más adecuado para cada supuesto.

¿Qué uso tendrá el ordenador?

Si el equipo pertenece a una empresa, se deberá hacer especial hincapié en conocer el uso que se le da dentro de la misma. Por ejemplo, si solo se usa para revisar el correo electrónico y llevar a cabo la contabilidad, sería necesario un antivirus que proporcione un buen filtro para evitar correos electrónicos no deseados, así como fraudulentos *(phising).* También sería muy recomendable contar con un buen cortafuegos para evitar intrusiones que puedan poner en riesgo la integridad de los datos de contabilidad.

Por otro lado, si el equipo se usa como servidor para mantener la actividad de la empresa centralizada en ese equipo, habría que protegerlo de los ataques *online* que puedan provocar la caída del mismo; así como de intrusiones externas que pongan en riesgo los datos ahí almacenados.

¿Qué tipo de usuario lo utilizará?

En el caso de que el usuario sea un usuario experto en informática, el antivirus que se elija deberá tener flexibilidad en su configuración, para que el mismo usuario decida cuál es la configuración óptima para que el antivirus no entorpezca su trabajo.

En el caso opuesto, cuando el usuario no es un experto, el antivirus elegido debe trabajar en segundo plano constantemente y sin dejar que el usuario pueda entorpecer su funcionamiento. Es recomendable en estos casos que el antivirus esté completamente automatizado.

Nota

El usuario inexperto se alertará al recibir notificaciones que le resulten extrañas. Hay que evitar estas situaciones en la medida de lo posible.

¿Qué potencia tiene el ordenador?

Un factor que limita la elección de un antivirus es la potencia de la máquina en la que va a ejecutarse. Si se elige un antivirus muy potente para un equipo pequeño, el rendimiento del mismo se verá afectado. En el supuesto en que se tenga una máquina pequeña y un antivirus con mucha exigencia en el equipo, habrá que seleccionar los sistemas de seguridad que provoquen que el rendimiento del equipo no se resienta.

Este factor es limitador y no deja mucho margen a la configuración.

3.2. Configuración del antivirus

Una vez seleccionado el antivirus, se procederá a la configuración del mismo. Cada antivirus tiene sus propias opciones y características, por lo cual se deberá consultar el manual que acompañará al *software* para su correcta configuración.

Aun así, se observarán las siguientes pautas:

- **Análisis completo:** el primer paso después de la instalación del antivirus es realizar un análisis completo del equipo. Con este análisis se eliminarán todos los virus y *malware* que hayan podido entrar en el equipo antes de la instalación del antivirus.
- **Activar/desactivar cortafuegos *(firewall)*:** el cortafuegos es la herramienta del antivirus que anula conexiones entrantes no deseadas al equipo. Es importante revisar si está activado, ya que en caso contrario no realizará su función. Si el ordenador trabaja bajo sistemas *Windows,* habrá que comprobar que no haya ningún conflicto entre el cortafuegos del antivirus y el cortafuegos de *Windows.* Si existiese algún conflicto entre ellos, siempre se ha de desactivar el cortafuegos de *Windows.*
- **Comprobar la frecuencia de las actualizaciones:** el antivirus actualiza periódicamente la base de datos de virus. Si entra un virus al ordenador y este no está en la base de datos, el antivirus no lo detectará como tal y podría ocasionar problemas en el equipo. Para evitar estas situaciones, se debe comprobar que las actualizaciones automáticas estén activadas y revisar la periodicidad de estas.
- **Crear copia de seguridad:** una vez comprobado que el equipo no está infectado y con la base de datos de virus actualizada, se puede proceder, si se considera necesario, a la creación de una copia de seguridad de los archivos importantes del ordenador. Es recomendable realizar copias de seguridad cada cierto tiempo, para poder restaurar los archivos en caso de un error grave en la computadora.

Aplicación práctica

Un virus ha conseguido entrar en el ordenador de la secretaria de la empresa EuroCristal S. A., causando que el ordenador abra sin parar ventanas del navegador de Internet, impidiendo que funcione correctamente este. Describa los pasos que seguiría para eliminar este *malware*.

SOLUCIÓN

En primer lugar, se debe comprobar si la base de datos del antivirus está actualizada. En caso de no estarlo, el primer paso será actualizarla inmediatamente. Una vez que la base de datos de virus esté al día, se procederá a ejecutar un análisis completo del ordenador, incluyendo disco/s duro/s, memoria e inicio del SO.

Una vez terminado el análisis, se comprobará que todo ha vuelto a la normalidad, antes de que el usuario vuelva a su ordenador.

4. Formar a los usuarios en las labores de mantenimiento que deben realizar

La formación de los usuarios es un punto clave para el correcto desarrollo de un plan de mantenimiento de *software*. Al fin y al cabo, el usuario será quien más tiempo pase utilizando el equipo y deberá ser el primer responsable de mantenerlo en condiciones óptimas para el desarrollo de su trabajo.

La formación de estos en las tareas de mantenimiento deberá hacer hincapié en los siguientes puntos:

- **Prevenir las infecciones de virus:** el usuario cuenta con un antivirus para facilitarle esta labor. Las consideraciones que debe tener en cuenta son:
  - No navegar por sitios web de contenido dudoso.
  - No descargar archivos sin antes escanearlos con el antivirus.
  - Escanear cualquier dispositivo USB *(pendrive,* discos duros, etc.) antes de copiar cualquier archivo.

  - Mantener el antivirus actualizado.
  - En caso de notar cualquier funcionamiento extraño en la computadora, notificarlo inmediatamente.

- **Prevenir las pérdidas de archivos:** si el usuario extravía o borra archivos importantes, ya sean de sistema o de su propio trabajo, puede ocasionar problemas en el funcionamiento del ordenador. Por ello, se recomendará realizar una copia de seguridad periódica (semanal, quincenal o mensual), dependiendo del volumen de trabajo que haya en el equipo. Asimismo, realizará copia de seguridad de los archivos importantes cuando él mismo lo considere necesario.
- **Mantener el sistema actualizado:** el usuario deberá ser responsable de la actualización de su SO, así como del *software* que utilice en el equipo.

Actividades

3. Elabore un texto de consejos de seguridad informática para los empleados de una pequeña empresa.
4. De las siguientes afirmaciones, indique cuáles son verdaderas y cuáles falsas, justificando su respuesta:

    a. Mantener el SO actualizado es innecesario mientras funcione.
    b. Es necesario realizar una copia de seguridad periódica de los archivos más importantes.
    c. Si se utiliza siempre el mismo pendrive, escanearlo con el antivirus es una pérdida de tiempo.
    d. La formación de los usuarios es importante para el correcto desarrollo de su trabajo.

5. Optimizar el sistema de archivos

El sistema de archivos es la forma en la que se estructuran los datos en el SO y es diferente para cada uno. Para los sistemas *Windows,* se utiliza el sistema de archivos NTFS y, para las distribuciones de *Linux,* se utiliza EXT4.

Normalmente, su funcionamiento se basa en dividir el disco duro en partes iguales (denominadas clústeres) e ir almacenando la información en cada uno de ellos.

Sabía que...

La información en los discos duros no se guarda de forma secuencial, lo que puede dar lugar a la fragmentación del disco duro y su consecuente pérdida de rendimiento.

Para evitar la fragmentación del disco duro, es necesario reordenar los clústeres de forma que el ordenador tenga que realizar menos movimientos del cabezal del disco duro para leer una información. Esto se traduce en una disminución del tiempo de carga de los archivos que, dependiendo del volumen, puede ser bastante sustancial.

5.1. Desfragmentar un disco duro NTFS

En *Windows 11* podemos realizar la desfragmentación del disco duro NTFS a través de una herramienta. Podemos acceder a ella a través de la siguiente ruta: [Windows] + [s] + [Desfragmentar y optimizar unidades] + [Enter].

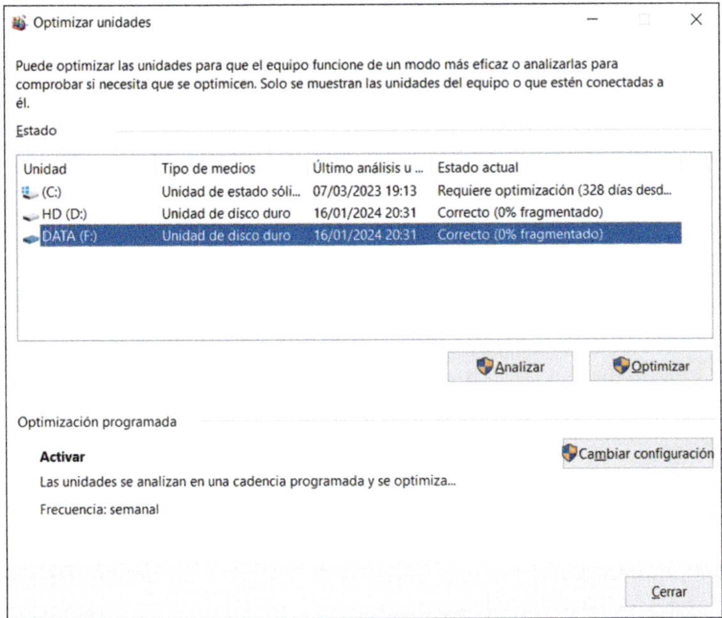

En la ventana que se abre, hay que seleccionar la unidad que se desea desfragmentar y pulsar en **Analizar** para obtener un informe sobre la fragmentación de la unidad. Si tras el análisis se recomienda la desfragmentación, hay que pulsar en **Optimizar** para comenzar.

Es importante tener en cuenta que en los sistemas operativos actuales, como es *Windows 11*, la desfragmentación automática está habilitada y se ejecuta de forma programada.

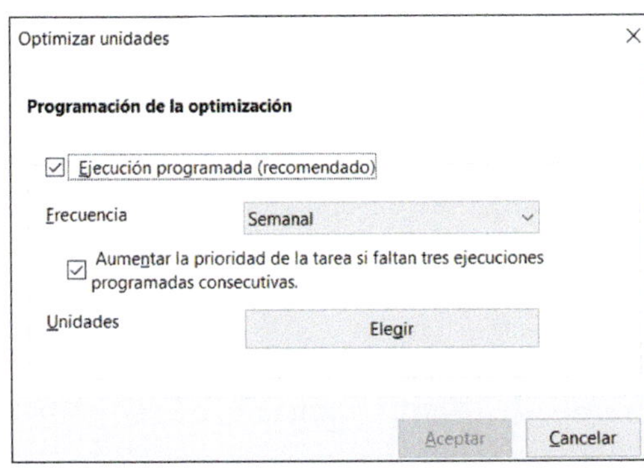

Esta herramienta ofrece la posibilidad de analizar el disco o desfragmentarlo. El análisis de disco determina qué porcentaje de fragmentación existe en este, siendo un porcentaje óptimo el 0 % y provocando lentitud cualquier porcentaje mayor.

También ofrece la posibilidad de programar la desfragmentación automática del disco duro, siempre y cuando el equipo esté encendido. Esta opción puede ser de mucha utilidad para los usuarios poco familiarizados con la optimización de los sistemas de archivos, ya que automáticamente el equipo se encargará de esta tarea cuando se le asigne.

5.2. Desfragmentar un disco duro EXT4

La desfragmentación en este sistema de archivos se denomina *reindexing* (reindexado) y consiste en volver a posicionar los archivos y directorios.

Para reindexar, se utilizará el comando **e2fsck.** Para la utilización de este comando, es imprescindible que la unidad esté desmontada. Una vez esté identificada la partición que se quiere reindexar, se utilizará el comando con los siguientes atributos:

- **–D:** la opción **–D** es la que realiza la optimización del sistema. Por si solo, e2fsck revisa y repara la partición, pero no reindexa.
- **–f:** se debe utilizar junto a **–D** para forzar la comprobación de la partición.

En resumen, la orden completa que se debe teclear es **e2fsck –f –D / partición,** donde /partición es la unidad a reindexar.

Otra herramienta más utilizada actualmente en Linux es e4defrag es una parte de la suite de herramientas e2fsprogs. Si no se tiene instalada se puede ejecutar el siguiente comando:

```
sudo apt-get install e2fsprogs
```

Una vez instalado se pueden usar comandos como los siguientes:

- **sudo e4defrag:** aparecerá la forma de uso.
- **sudo fdisk -l:** listarán las particiones del equipo.
- **sudo e4defrag "Ruta a analizar":** analiza la ruta que se le indique.
- **sudo e4defrag /:** inicia el proceso de análisis y desfragmentación de todas las unidades del sistema sin tener que desmontarlas.
- **sudo e4defrag /dev/*:** proporciona un análisis más detallado desmontando las unidades.

6. Resumen

Es muy importante mantener el *software* de un ordenador completamente actualizado para evitar errores, así como observar las consideraciones de seguridad necesarias para evitar ataques externos o de virus informáticos.

Mantener los componentes actualizados incide positivamente en la prevención de errores y mejora el rendimiento de la computadora.

Hay que prestar especial atención a mantener actualizados tanto los SO que utilicen los ordenadores *(Windows 11* y *Ubuntu Linux)* como los principales navegadores de Internet *(Microsoft Edge, Google Chrome* y *Mozilla Firefox)* y los *plugins* que sean necesarios.

Elegir el antivirus correcto de entre la amplia oferta que existe en el mercado es otro punto importante en el mantenimiento del ordenador. La elección del mismo utilizando tres sencillas preguntas (cómo se usará, quién lo usará y qué equipo lo usará) facilitará esta labor.

La configuración y actualización del antivirus es otro de los puntos interesantes a resaltar de este capítulo, teniéndose en cuenta las particularidades de cada uno y partiendo de una configuración estándar.

La formación del usuario en labores de mantenimiento es básica para el funcionamiento del ordenador. Debe tener en cuenta que su función es mayoritariamente preventiva y actuar en consecuencia, manteniendo el sistema y el antivirus actualizados, efectuando análisis preventivos tanto en el equipo como en periféricos tales como *pendrives* y realizando copias de seguridad para no comprometer la integridad de los datos.

Optimizar el sistema de archivos en los dos sistemas más comunes: NTFS *(Windows)* y EXT4 *(Linux)* es otro punto clave en el mantenimiento de la computadora. La desfragmentación es el principal método de optimización, ya que reduce los tiempos de carga y protege la integridad de los datos.

Ejercicios de repaso y autoevaluación

1. De las siguientes afirmaciones, indique cuáles son verdaderas o falsas.

a. El navegador es el *software* básico de cualquier ordenador.

☐ Verdadero
☐ Falso

b. *Windows* es un SO desarrollado por los usuarios del mismo.

☐ Verdadero
☐ Falso

c. Todos los navegadores de Internet son multiplataforma.

☐ Verdadero
☐ Falso

d. Un *plugin* es un *software* complementario que añade nuevas capacidades a otro *software.*

☐ Verdadero
☐ Falso

2. Relacione los siguientes conceptos.

a. *Linux*
b. *Malware*
c. NTFS
d. Desfragmentador de disco

__ Antivirus
__ *Windows*
__ Sistema Operativo
__ Sistema de archivos

3. Complete el siguiente texto.

Antes de trabajar con cualquier *pendrive* o dispositivo externo, debe ejecutarse un __________ __________ en el mismo utilizando el antivirus, para evitar que cualquier __________/__________ o cualquier archivo malicioso que haya en él afecte al __________.

4. Cuando el desfragmentador de disco alerta que hay un 3 % de fragmentación en el disco duro...

a. ... se debe ejecutar el comando E2FSCK –F –D en ese disco duro.
b. ... no afecta al funcionamiento del equipo.
c. ... se debe desfragmentar el disco con esa misma herramienta.
d. ... se debe realizar un análisis completo con el antivirus y actualizar los *plugins.*

5. ¿Sería necesario actualizar la base de datos del antivirus antes de ejecutar un análisis?

____

____

6. Defina brevemente los siguientes conceptos.

a. Sistema Operativo.
b. *Firewall*/cortafuegos.
c. Antivirus.
d. Desfragmentación del disco duro.

7. Encuentre 4 conceptos que se hayan tratado en el capítulo (aspectos importantes) en la siguiente sopa de letras.

S	A	I	P	N	T	F	S
I	O	A	R	M	V	I	F
S	A	F	H	A	Ñ	R	A
T	D	N	T	L	Y	F	H
E	G	K	I	W	I	S	Q
M	R	L	O	A	A	W	T
A	D	V	Ñ	R	K	R	E
W	X	Z	C	E	B	V	E

8. Señale el concepto que considere correcto para completar las siguientes frases.

a. La actualización del antivirus/Sistema Operativo se debe hacer antes de efectuar un análisis.
b. El sistema de archivos EXT4/NTFS es propio de sistemas *Windows*.
c. *Windows/Linux* es un *software* libre.
d. *Microsoft Edge/Google Chrome* funciona perfectamente bajo sistemas *Linux*.

9. Detecte la palabra intrusa en los siguientes grupos.

a. Sistema Operativo – *Plugin* – NTFS – Antivirus.
b. Desfragmentar – EXT4 – *Windows* – *Microsoft Edge*.

10. Complete la siguiente oración.

La desfragmentación en el sistema de archivos NTFS puede llevarse a cabo con la herramienta de *Windows* __________ de disco, ubicada en: Menú Inicio → __________ __________ __________ → ______ → Herramientas del sistema.

11. **Explique brevemente la diferencia entre desfragmentar y reindexar.**

12. **Coloque cada concepto en la columna a la que crea que pertenece (puede aparecer en las dos).**

    NTFS, EXT4, *Microsoft Edge, Google Chrome,* Desfragmentador de disco, Copia de seguridad, Software libre.

Windows	*Linux*

13. **Indique cuál es la principal diferencia entre *Windows* y *Linux*.**

14. **Enumere las principales tareas de mantenimiento que debe realizar el usuario.**

15. Defina brevemente el concepto de *plugin*.

Capítulo 2

Diseñar, desarrollar y documentar el plan de mantenimiento

Contenido

1. Introducción
2. Diseñar los mantenimientos proactivos
3. Documentar los mantenimientos reactivos
4. Resumen

1. Introducción

Los planes de mantenimiento son una herramienta básica para garantizar el funcionamiento de cualquier tipo de maquinaria. Un buen diseño en un plan de mantenimiento previene de averías en los sistemas y garantiza en la medida de lo posible su correcto funcionamiento.

Desde la época de la Revolución industrial, donde se generalizó el uso de maquinaria en los puestos de trabajo, surgió la necesidad de tener un plan mediante el cual se minimizaran las pérdidas en el caso de avería de la maquinaria. De unas décadas a esta parte, se tomó como algo fundamental no solo reparar la maquinaria averiada en el menor tiempo posible, sino prevenir estas averías y dejar constancia de los métodos utilizados en la reparación, para agilizar una posible reparación en el futuro.

Actualmente, debido a la estructura del mundo globalizado, los ordenadores son una pieza fundamental en cualquier tipo de empresa, ya que se utilizan para controlar otros dispositivos, llevar al día los registros de producción, cuentas, comunicación con otras sedes, etc. Debido a estas circunstancias, es muy importante contar con un buen plan de mantenimiento para prevenir cualquier avería que pueda provocar pérdidas a la empresa, así como tener un registro de incidencias para solventar lo más rápidamente posible cualquier avería que no haya sido posible evitar mediante el mantenimiento preventivo.

A este tipo de mantenimiento se le llama mantenimiento proactivo y consiste en mantener los equipos actualizados y preparados para cualquier contingencia que pueda ocurrir.

Por otra parte, el mantenimiento reactivo consiste en la documentación de una avería inevitable, es decir, aquella que se ha producido a pesar de contar con el mantenimiento proactivo. La avería se documenta y se tiene en cuenta tanto para la actualización del mantenimiento proactivo como para la reparación de averías futuras.

Al desarrollar un plan de mantenimiento, se tendrán en consideración principalmente estos dos tipos de mantenimiento. En el caso del mantenimiento proactivo, se diseñará un plan de actualización y vigilancia de los equipos, mientras que para el mantenimiento reactivo se establecerá un plan de acción frente a averías y se estandarizará la documentación para su futura utilización en reparación.

2. Diseñar los mantenimientos proactivos

La finalidad de los mantenimientos proactivos es evitar averías prematuras en los equipos, identificando y corrigiendo sus causas primarias. Estos mantenimientos suponen un coste añadido a los costes de producción, pero, si están bien diseñados y son eficientes, supondrán, a medio-largo plazo, un importante ahorro en los costes de mantenimiento generales.

Para diseñar un plan de mantenimiento eficiente, habrá que tener en cuenta todos los factores que puedan provocar fallas: desde la correcta colocación en el espacio de los equipos (para evitar por ejemplo que sufran un sobrecalentamiento por falta de ventilación) hasta el uso que va a tener el ordenador (no supondrá el mismo coste mantener un ordenador que funciona 24 horas al día y es más proclive a averiarse que un equipo que solo se utiliza para realizar videoconferencias quincenalmente).

2.1. Consideraciones previas a la hora de diseñar un plan de mantenimiento proactivo

Se debe tener muy en cuenta que la fase de análisis es fundamental para la elaboración del plan de mantenimiento. Un plan de mantenimiento proactivo se fundamenta en prevenir errores, así que es muy importante analizar todas las posibilidades. Una vez que se tengan expuestas las posibles causas de los futuros fallos, se procederá a ordenarlas según dos criterios: gravedad y probabilidad.

La **gravedad** se refiere a las consecuencias que generaría esa supuesta avería en el funcionamiento de la empresa. Se podría clasificar en muy leve, leve, grave, muy grave y crítica; según el equipo al que afecte y el tiempo que este esté inutilizable.

Ejemplo

Un fallo crítico sería la pérdida de datos de un disco duro de un ordenador del departamento de contabilidad debido a una mala actualización del sistema operativo, ya que conllevaría la reinstalación del sistema operativo y todo su *software* asociado. Este tipo de avería sería crítico por la cantidad de tiempo que supone realizar estos trabajos, así como la restauración de los datos perdidos.

La **probabilidad** se refiere a la frecuencia con la cual se puede repetir esa avería a lo largo de la vida útil del ordenador. Es bastante más probable que un *malware* entre en el ordenador a que desaparezca una partición lógica de un disco duro por una mala redimensión de la misma.

Por otro lado, se estudiarán y analizarán aquellas averías, aun siendo poco probables y poco graves, cuyo coste de mantenimiento sea muy bajo. Como ejemplo, se podría citar una subida de tensión eléctrica, que podría dañar algunas piezas del equipo, como la fuente de alimentación. Si la instalación eléctrica no está defectuosa, es una avería muy poco probable y se podría considerar leve, ya que solo es sustituir la pieza por una nueva y su coste en tiempo y dinero no es muy elevado. Pero, aun así, es más rentable instalar regletas con fusible para prevenir esta avería.

Importante

Para organizar el plan de mantenimiento proactivo, habrá que tener en cuenta la probabilidad de las averías y su gravedad, así como su coste.

Teniendo en cuenta estas consideraciones, comenzará la labor de análisis para elaborar el plan de mantenimiento proactivo más eficiente posible. Se tendrán en cuenta los siguientes factores:

- Número de equipos informáticos a analizar.
- Funciones de cada ordenador.
- Formación y funciones del equipo humano que los utiliza.
- Características de cada uno de los equipos.

En cualquier caso, cada empresa tendrá sus propias particularidades, que se deberán estudiar individualmente, así que es recomendable elaborar un guión para el análisis de la situación exacta a la que se está enfrentando.

Análisis del número de equipos

Este análisis servirá principalmente para calcular el impacto económico del plan de mantenimiento. No se puede olvidar que la finalidad de una empresa es obtener beneficios, así que el coste económico es un factor importante a tener en cuenta.

Básicamente, cuantos más equipos existan, más alto será el coste del mantenimiento, ya que su inversión en horas de trabajo y materiales (antivirus, licencias de *software,* etc.) se multiplica.

Análisis de las funciones de cada ordenador

Una vez que se haya identificado cada equipo, se tendrá que estudiar la función que realiza en la empresa. Puede ser que haya un equipo que solo se use por el gerente para revisar el correo electrónico, validar presupuestos y consultar las cuentas bancarias. Como plan de mantenimiento, se podría tomar la determinación de hacer una copia de seguridad semanal del correo electrónico y los presupuestos e instalar un antivirus con un buen filtro para evitar la filtración de las contraseñas bancarias a terceros. Con esas sencillas directrices, el mantenimiento de ese equipo estaría cubierto, ya que aseguran la correcta realización de sus funciones.

Habrá que tener en cuenta también si existe en la empresa algún otro ordenador que pueda realizar estas funciones en caso de un error importante que lo inhabilitase. Al estudiar las funciones que realiza, se puede observar que no utiliza ningún tipo de *software* específico que no tenga ningún otro ordenador (gestor de correo electrónico, navegador web y visor de documentos), así que, en este caso, cualquier otro equipo libre podría sustituirlo y no se resentiría el funcionamiento de la empresa.

En los casos en los que el equipo funcione con un *software* muy específico que no esté instalado en otro ordenador, habrá que estudiar más a fondo los posibles errores que puedan surgir, ya que supondría una parada en la actividad empresarial que significaría un gasto económico con mayor o menor impacto.

Nota

Cualquier avería conlleva un impacto económico negativo en las finanzas de una empresa. La finalidad del plan de mantenimiento es maximizar la funcionalidad reduciendo el gasto en reparaciones. Si el plan de mantenimiento supone más gasto que la solución de las averías, es un completo fracaso.

Análisis del equipo humano

Un gran porcentaje de las averías en equipos informáticos vienen desencadenadas por un uso incorrecto del ordenador. La formación del equipo humano es muy importante para evitarlas, por eso se debe tener en cuenta como factor de riesgo a la hora de elaborar un plan de mantenimiento. Es bastante más probable que un ordenador con un usuario inexperto en informática se averíe.

En estos casos, es recomendable dotar los equipos con *software* de control de contenido web, bloqueando páginas web que puedan contener archivos maliciosos que provoquen errores sin que el usuario ni siquiera se haya dado cuenta. El antivirus se torna una pieza fundamental para los equipos con usuarios inexpertos, manteniéndose siempre actualizado y escaneando el equipo regularmente, pudiendo evitar muchas averías.

Por otro lado, si el usuario del equipo es experto en la materia informática, se puede correr el riesgo de que, al aparecer un error, este intente arreglarlo sin aplicar los protocolos establecidos por la empresa. Esto puede desencadenar en la no documentación de la avería, provocando a la larga una avería mayor. Sin embargo, se puede aprovechar ese conocimiento del usuario para encargarle algunas tareas de mantenimiento rutinarias que al usuario estándar le resultarían complicadas. En este caso, se podría facilitar al usuario algún *software* de optimización del registro del SO y encargarle la tarea de ejecutarlo periódicamente. Ello repercutiría positivamente en el coste del mantenimiento (es decir, se reduciría) y mejoraría la funcionalidad del equipo considerablemente.

Aplicación práctica

La empresa DesaSoft S. A. se dedica al desarrollo de *software* para ordenadores. Cuenta con 5 equipos informáticos, de los cuales 3 están destinados a la programación de *software*, uno a la gestión administrativa y otro a la elaboración de pruebas del *software* desarrollado. Ordene los equipos de menor a mayor según el impacto económico que tendría una avería justificando la respuesta.

SOLUCIÓN

El equipo de pruebas sería el que menores pérdidas generaría en caso de una avería, ya que no necesita ningún *software* específico para funcionar y podría utilizarse cualquier otro ordenador dado el caso de avería.

En segundo lugar, los equipos de desarrollo, ya que, al ser tres ordenadores, el impacto económico sería mayor que con el equipo de pruebas, pero dos seguirían funcionando mientras el tercero se repara.

El mayor impacto económico lo generaría el equipo dedicado a la gestión administrativa, ya que al funcionar con un *software* específico para ello, no se podría utilizar ninguno de los otros equipos y esa área de trabajo quedaría inutilizada hasta el fin de la reparación.

Análisis de cada uno de los equipos

Una vez identificados los elementos básicos (equipo humano y equipos informáticos), se procederá a analizar los riesgos que corre cada equipo de forma pormenorizada e individual.

Se ha de evaluar cada caso particular teniendo en cuenta todos los factores que puedan desencadenar un error o avería y definir la medida preventiva que evite o minimice sus consecuencias. Se puede elaborar un pequeño guión para seguir una pauta establecida en todos los equipos.

Capacidad del equipo

En primer lugar, se analizará la capacidad del equipo informático, es decir, procesador, cantidad de memoria, discos duros, etc., para evaluar a posteriori si el *software* instalado en él es el óptimo para prevenir errores o si, en caso contrario, el ordenador presenta algún tipo de malfuncionamiento por estar demasiado sobrecargado o está desperdiciando potencia y recursos por contar con un *software* que no permite explotar todo su potencial.

El Sistema Operativo

Se comprobará el Sistema Operativo que utiliza el equipo, así como su versión. Esto ayudará a decidir las medidas de mantenimiento que se llevarán a cabo, ya que cada sistema operativo tiene sus peculiaridades y características de mantenimiento.

Sistemas de protección contra virus

Se observará si el ordenador cuenta con *software* de protección contra virus y *malware;* ya sea cortafuegos, antivirus, antiespías, etc. En caso de no contar con ninguno, se anotará como prioridad para su mantenimiento.

Software específico

A continuación, se hará una lista con el *software* específico con el que trabaja ese equipo y la función que lleva a cabo. Se anotará la versión de cada *software* y el estado en que se encuentra (actualizado, desactualizado o versión óptima para la función que realiza).

Errores conocidos

Se realizarán en el equipo unas pruebas (escaneo de virus, desfragmentador de disco, estado de las actualizaciones, etc.) y se anotará cualquier incidencia que se descubra. Es importante solucionar todos los errores antes de implantar el plan de mantenimiento, ya que, si se comienza con errores, lo más probable es que desencadenen averías mayores, aumentando su coste de reparación.

Otras consideraciones a tener en cuenta

Cualquier clase de particularidad que presente el equipo respecto a los otros será tomada en cuenta en el informe que se realizará. Por ejemplo, si el equipo tiene acceso a documentos compartidos por la red interna de la empresa, si guarda archivos de contraseñas importantes o si es un equipo que solo se usa esporádicamente.

Elaboración del informe de análisis

Con todos los equipos analizados individualmente, se procederá a la elaboración del informe para el estudio del plan de mantenimiento. Es recomendable elaborar una hoja de mantenimiento de cada equipo antes de decidir las directrices a aplicar.

<table>
<tr><th colspan="5">HOJA DE INSPECCIÓN PREVIA DE EQUIPOS</th></tr>
<tr><td>EMPRESA:</td><td>Diseño López S.L.</td><td colspan="2">FECHA:</td><td>01/09/2023</td></tr>
<tr><td>Nº DEL EQUIPO:</td><td>1</td><td colspan="2">DEPARTAMENTO:</td><td>Portadas</td></tr>
<tr><td>FUNCIÓN:</td><td colspan="4">Diseño de portadas de revistas</td></tr>
<tr><td>USUARIOS:</td><td colspan="4">Juan Lara (Diseñador)</td></tr>
<tr><td>CARACTERÍSTICAS TÉCNICAS:</td><td>Procesador 3600 Mhz</td><td>8 Gb deRAM</td><td>500 Gb de disco duro</td><td>Conexión a internet</td></tr>
<tr><td>SISTEMA OPERATIVO:</td><td>Windows 11</td><td>VERSIÓN:</td><td colspan="2">Pro</td></tr>
<tr><td>ANTIVIRUS</td><td>Sí</td><td>VERSIÓN:</td><td>Panda Cloud</td><td>Actualizado</td></tr>
<tr><td colspan="2">SOFTWARE ESPECÍFICO:</td><td colspan="3">Sí</td></tr>
<tr><td colspan="2">SW1: Adobe Photoshop</td><td>VERSIÓN:</td><td>CS6</td><td></td></tr>
<tr><td colspan="2">SW2: Adobe Illustrator</td><td>VERSIÓN:</td><td>CS6</td><td></td></tr>
<tr><td colspan="2"></td><td></td><td></td><td></td></tr>
<tr><td colspan="2"></td><td></td><td></td><td></td></tr>
<tr><td colspan="2"></td><td></td><td></td><td></td></tr>
<tr><td colspan="2"></td><td></td><td></td><td></td></tr>
<tr><td colspan="2">ERRORES CONOCIDOS:</td><td colspan="3">Ninguno</td></tr>
<tr><td colspan="2">OTRAS CONSIDERACIONES:</td><td colspan="3">El equipo consta de doble pantalla</td></tr>
</table>

Encargado de la inspección: ____________________

Ejemplo de hoja de insepcción previa

Al cumplimentar una hoja de este tipo, se aprecian en un solo vistazo las características del equipo, el *software* que utiliza y los últimos problemas conocidos, lo cual facilita bastante la decisión de las medidas a adoptar para este equipo.

2.2. Elaboración del plan de mantenimiento

Llegados al punto en el que se dispone de toda la información posible sobre los equipos (humanos y técnicos) y sus características, se procede a la elaboración del plan de mantenimiento propiamente dicho.

Este plan debe contener las acciones necesarias para prevenir errores, utilizando los datos que se han recopilado durante la fase de análisis. Cuanto más exhaustiva haya sido esta, más posibilidades se tendrán a la hora de elaborar un plan de mantenimiento de máxima eficiencia.

Interpretación del informe de análisis

Las medidas que formarán el plan de mantenimiento se extraerán de la interpretación del informe de análisis previo. En él se pormenorizan todos los detalles de los equipos y las características necesarias para emprender acciones de mantenimiento adecuadas.

Al interpretar el informe, no solo se tienen que solucionar las incidencias que se hayan descubierto en el análisis, sino que se deben solucionar de la manera más eficaz y siempre minimizando los costes económicos. Por ejemplo, si se observa que uno de los equipos presenta una ralentización excesiva en su trabajo diario, la solución óptima sería aumentar la memoria de la que dispone el equipo, pero a su vez también sería la más costosa. Si se puede conseguir una mejora en el rendimiento optimizando los recursos de los que dispone el sistema (desinstalando *software* que no se use, optimizando el inicio del sistema, etc.) y ofreciendo al usuario unas pautas de actuación frente a esa situación (no abrir más de dos *software* a la vez si no es estrictamente necesario, guardar cada X tiempo, reiniciar si observa un comportamiento extraño, etc.), el problema estará solucionado con un coste prácticamente nulo y de igual eficacia.

Se deberán priorizar los posibles fallos en cuanto a gravedad y probabilidad, siendo los más graves y probables los primeros en ser abordados.

Una vez que se hayan ordenado los posibles errores, se tomarán medidas específicas para solventar cada uno de ellos siguiendo la secuencia que se ha establecido anteriormente. Si un error puede prevenirse de varias formas, se tendrán en cuenta todas ellas y el factor decisivo para la elección de una u otra será el impacto económico.

Nota

Se considera impacto económico negativo cualquier acción o error que conlleve una pérdida económica para la empresa, ya sea por gasto o por cese de ingresos. Para calcular el impacto económico, se debe añadir el beneficio que deja de crear el tiempo de reparación o prevención de la avería al gasto económico que conlleva.

Redacción del plan de mantenimiento

Para que un plan de mantenimiento funcione de manera efectiva, no basta con que esté bien diseñado y optimizado. Para que sea útil, debe ser inteligible por todos los usuarios de los equipos de la empresa. Debe ser claro, conciso y con explicaciones detalladas de las acciones a realizar. Se debe evitar el empleo de tecnicismos y hay que detallar punto por punto cada una de las acciones que se llevarán a cabo.

Si el profesional se excediera en el uso de tecnicismos complejos o se dieran explicaciones escuetas de las labores a realizar, se corre el riesgo de que el plan de mantenimiento termine por no aplicarse, al no ser entendido por los empleados asignados a tal efecto.

Importante

Un plan de mantenimiento no sirve de nada si no se aplica correctamente. Hay que detallar punto por punto cada una de las acciones que conforman este mantenimiento para que sean entendibles por el personal asignado a aplicarlo.

Se deberá diferenciar entre consideraciones generales (aplicables a todos los equipos de la empresa) y consideraciones individuales para cada uno de ellos.

Para las consideraciones generales, se tendrá en cuenta especialmente la seguridad de cara a Internet (evitar la entrada de virus, robos de cuentas de correo, etc.) y la integridad de los datos realizando copias de seguridad. Por supuesto, cada plan de mantenimiento tendrá sus acciones generales particulares, que se habrán extraído en la fase de interpretación del informe de análisis.

En las consideraciones individuales para cada equipo, se pasará a tener en cuenta su rendimiento. Se ofrecerán soluciones puntuales y detalladas para cada posible error que se haya detectado en la interpretación del informe de análisis. Asimismo, se tendrá en cuenta la figura del usuario a la hora de decidir las acciones que se han de aplicar, asumiendo siempre que la situación óptima para este es distraerse de su función lo menos posible. Se tendrán muy en cuenta las acciones que se puedan automatizar sin que el usuario vea afectada su productividad en la empresa.

Actividades

1. ¿Qué beneficios cree que aporta la tenencia de un plan de mantenimiento proactivo en una empresa?

Continúa en página siguiente >>

<< Viene de página anterior

2. Elabore una hoja de inspección previa de su propio ordenador utilizando como base la plantilla expuesta anteriormente.
3. Con base en el ejercicio anterior, desarrolle su propio plan de mantenimiento para su ordenador.

3. Documentar los mantenimientos reactivos

El mantenimiento reactivo es el que se ocupa de reparar las averías una vez que estas se han producido. Es importante tener en cuenta que, por muy optimizado que esté el plan de mantenimiento proactivo, hay errores y fallos que no se pueden prever, ya que los ordenadores, como cualquier tipo de maquinaria, sufren un desgaste con el paso del tiempo y a la larga la presencia de averías es inevitable.

Los mantenimientos reactivos se realizan una vez que el error ya ha ocurrido, con lo que ya hay un impacto económico negativo derivado de la parada de ese equipo; así que la función de la documentación de este tipo de mantenimiento es disponer de información fiable por si esa avería se volviese a producir.

El mantenimiento reactivo (o correctivo) se inicia con la avería del dispositivo. Una vez que esta se produce, se pone en marcha el protocolo de actuación: determinar qué avería se ha producido, solucionarla y documentarla.

3.1. Determinación de la avería

Para determinar qué avería se ha producido, basta con observar el ordenador, iniciarlo y hacerle un breve examen.

En las averías de *software*, el mismo ordenador dará un aviso con un código de error, que facilitará la búsqueda para hallar el mejor método para solucionarla. Esto ocurre con los errores que están previstos por los desarrolladores del *software* en el transcurso de su elaboración. En otras ocasiones, no mostrará ningún tipo de aviso, pero la funcionalidad del equipo será anormal.

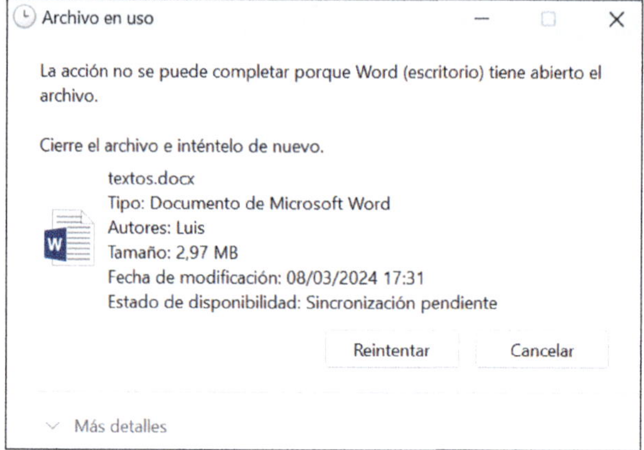

Ejemplo de aviso de error en Windows

Cuando el ordenador no muestre ningún mensaje de error, el examen del equipo tendrá que ser más minucioso hasta averiguar qué es lo que ha fallado.

Aplicación práctica

Uno de los ordenadores de la empresa en la que usted trabaja ha sufrido un error que no deja continuar con la aplicación deseada. El programa muestra una ventana de error que dice lo siguiente: "Error 606: La aplicación no puede conectar a la red". Indique los pasos que seguiría para determinar la avería.

SOLUCIÓN

En este caso, al mostrar el ordenador una pantalla con el código de error, bastaría con consultar el manual del *software* para determinar las causas de la avería o bien realizar una búsqueda por Internet incluyendo el código y mensaje de error para recopilar la suficiente información y repararla.

3.2. Solución de la avería

Una vez determinado el problema que ha causado el error, se debe solucionar con la mayor celeridad y eficacia posibles.

No existe una fórmula mágica para reparar los errores de *software*. La experiencia del técnico y sus conocimientos son las únicas herramientas de las que dispone. Aunque el ordenador muestre un mensaje de error, cada *software* tiene su código específico para ellos. No sería lo mismo un error con un código determinado en el Sistema Operativo que el mismo código de error en otro *software* cualquiera. La labor de investigación en manuales y sitios web será clave para solucionarlo.

A la hora de reparar una avería, se debe tener en cuenta el uso que se le da al *software* que muestra el error. Por ejemplo, si el error imposibilita que se inicie *Windows* y la última copia de seguridad de archivos se realizó un mes antes de la fecha de la avería, se descartaría la opción de formatear el equipo, ya que se perdería el volumen de datos de ese intervalo de tiempo. En ese caso, se buscarían soluciones alternativas, como realizar una copia de seguridad del disco duro en otro equipo y posteriormente formatearlo, una vez que estén los datos actuales a salvo, o reinstalar el Sistema Operativo sin provocar una pérdida de los archivos.

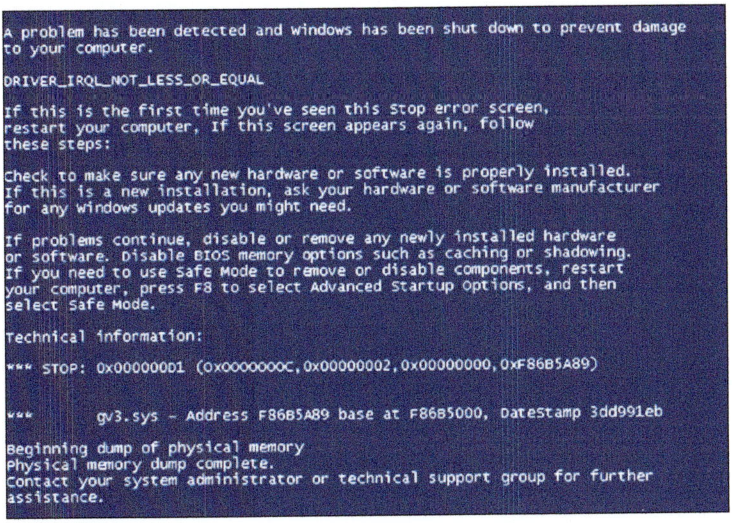

```
A problem has been detected and windows has been shut down to prevent damage
to your computer.

DRIVER_IRQL_NOT_LESS_OR_EQUAL

If this is the first time you've seen this Stop error screen,
restart your computer. If this screen appears again, follow
these steps:

Check to make sure any new hardware or software is properly installed.
If this is a new installation, ask your hardware or software manufacturer
for any Windows updates you might need.

If problems continue, disable or remove any newly installed hardware
or software. Disable BIOS memory options such as caching or shadowing.
If you need to use Safe Mode to remove or disable components, restart
your computer, press F8 to select Advanced Startup Options, and then
select Safe Mode.

Technical information:

*** STOP: 0x000000D1 (0x0000000C,0x00000002,0x00000000,0xF86B5A89)

***       gv3.sys - Address F86B5A89 base at F86B5000, DateStamp 3dd991eb

Beginning dump of physical memory
Physical memory dump complete.
Contact your system administrator or technical support group for further
assistance.
```

Error de pantallazo azul de Windows, uno de los más graves del SO

Por otro lado, si el *software* averiado es independiente de los datos (por ejemplo un programa de diseño gráfico que utilice archivos que no se eliminen al borrar el programa), una reinstalación suele ser una medida efectiva para solucionar la avería.

Nota

Antes de reinstalar un *software*, hay que desinstalar la versión anterior, comprobar los archivos de registro y posteriormente reinstalarlo. Si la avería viene derivada de una incidencia en algún punto del registro, es probable que con una simple reinstalación no se solucione.

3.3. Documentación de la avería

El paso más importante en los mantenimientos reactivos es la documentación de la avería y su solución. La finalidad de la documentación es contar con un guión fiable de reparación en caso de que la avería se vuelva a producir en el mismo u otro equipo informático. Este guión se utilizará para disminuir el tiempo empleado en solucionar la avería en el caso de que esta apareciese de nuevo, ya que las fases de determinación y solución se verían reflejadas en el documento.

Por otro lado, la documentación de las averías ya producidas en cada equipo informático da una idea de su estado y, si fuese necesario, se haría una revisión del plan de mantenimiento en el supuesto de que un equipo determinado sufriese averías constantemente e incluso se valoraría su sustitución si el gasto que genera es considerado excesivo.

Elaboración del registro de incidencias

El registro de incidencias es un documento que refleja todas las averías producidas en los equipos informáticos de la empresa. Se deberán colocar cronológicamente e indicar la gravedad de las mismas, así como el tiempo empleado en solucionarlas y un código único para cada una. El código ayudará a localizar el informe sobre la avería en caso de necesitar realizar una consulta.

Este registro será meramente informativo, sin detalles en profundidad de las acciones llevadas a cabo. Es una herramienta que se utilizará para evaluar el plan de mantenimiento con el paso del tiempo.

Si se registran pocas incidencias, el plan de mantenimiento estará optimizado, mientras que, si se registran demasiadas y evitables, el plan de mantenimiento necesitará una revisión, ya que no estará funcionando todo lo bien que debería.

Elaboración de la hoja de reparación

La hoja de reparación será el documento que se consultará en caso de que la avería se repita en un futuro. Debe ser clara, concisa, detallada y enumerar los pasos seguidos para la solución de la avería. En el supuesto de que se hayan realizado varias acciones tratando de reparar el error y no haya funcionado ninguna, deberán nombrarse en observaciones, para alertar a los futuros encargados de esa reparación de que esa solución ya ha sido probada y descartada y así tratar de ahorrar el mayor tiempo posible en la solución de la avería.

Asimismo, si se encontrase una fórmula más adecuada para la reparación, se vería reflejada en la hoja de reparación, siempre con el fin de minimizar el impacto económico y agilizar las futuras reparaciones.

<table>
<tr><th colspan="5">HOJA DE REPARACIÓN DE EQUIPOS</th></tr>
<tr><td>EMPRESA:</td><td>Diseño López S.L.</td><td>FECHA:</td><td colspan="2">10/10/2023</td></tr>
<tr><td>Nº DEL EQUIPO:</td><td>13IN003</td><td>DEPARTAMENTO:</td><td colspan="2">Portadas</td></tr>
<tr><td>FUNCIÓN:</td><td colspan="4">Diseño de portadas de revistas</td></tr>
<tr><td>USUARIOS:</td><td colspan="4">Juan Lara (Diseñador)</td></tr>
<tr><td>CARACTERÍSTICAS TÉCNICAS:</td><td>Procesador 3600 Mhz</td><td>8 Gb deRAM</td><td>500 Gb de disco duro</td><td>Conexión a internet</td></tr>
<tr><td>SISTEMA OPERATIVO:</td><td>Windows 11</td><td>VERSIÓN:</td><td colspan="2">Pro</td></tr>
<tr><td>ANTIVIRUS</td><td>Sí</td><td>VERSIÓN:</td><td>Panda Cloud</td><td>Actualizado</td></tr>
<tr><td colspan="2">SOFTWARE ESPECÍFICO:</td><td colspan="3">Sí</td></tr>
<tr><td colspan="2">SW1: Adobe Photoshop</td><td>VERSIÓN:</td><td>CS6</td><td></td></tr>
<tr><td colspan="2">SW2: Adobe Illustrator</td><td>VERSIÓN:</td><td>CS6</td><td></td></tr>
<tr><td colspan="2"></td><td></td><td></td><td></td></tr>
<tr><td>ERRORES DETECTADOS:</td><td colspan="4">Al iniciar el ordenador aparece una pantalla azul que impide el arranque del sistema operativo. El ordenador no funciona.</td></tr>
<tr><td>REPARACIÓN</td><td colspan="4">Se ha reinstalado el sistema operativo SIN FORMATEAR, se ha reinstalado todo el software específico y escaneado con antivirus.</td></tr>
<tr><td>TIEMPO EMPLEADO:</td><td colspan="4">2:30 horas</td></tr>
<tr><td>ERRORES ANTERIORES:</td><td colspan="4">Ninguno</td></tr>
<tr><td>OBSERVACIONES:</td><td colspan="4">El escaneo de virus ha sido negativo.
Restaurar sistema no ha dado resultado.
Se ha descartado el formateo debido a los datos contenidos en el ordenador.</td></tr>
</table>

Encargado de la inspección: ____________________

Ejemplo de hoja de reparación de equipos

4. Defina con sus propias palabras el concepto de mantenimiento reactivo.
5. Elabore una hoja de reparación de equipos, en base al modelo suministrado, en el que detalle cómo reparó un ordenador que presentaba una infección por un virus.

4. Resumen

Un plan de mantenimiento consiste una serie de estrategias y acciones que se llevan a cabo para mantener los equipos informáticos en perfecto funcionamiento, previendo las posibles averías y documentando aquellas que no se hayan podido prever.

Se entiende como mantenimiento proactivo aquel que se ocupa de prevenir los errores estudiando tanto el equipo humano como la maquinaria y estableciendo pautas de acción periódicas para conseguir un perfecto funcionamiento de los equipos y la minimización de averías.

Para la correcta elaboración de un plan de mantenimiento proactivo, es necesario estudiar los equipos, tanto su número como sus funciones, el equipo humano y detallar las características más importantes de cada uno. El objeto que se tiene que perseguir es que todos los equipos presenten el mínimo de errores posibles con el menor impacto económico para la empresa.

Las variables a tener en cuenta para la elaboración del plan de mantenimiento proactivo son: la probabilidad de que ocurra una avería, su gravedad y el impacto económico que supone para la empresa.

Esto quedará plasmado en el informe de análisis, que se utilizará para determinar las acciones finales que se tomarán en el plan de mantenimiento.

Por otra parte, el mantenimiento reactivo tiene lugar en el momento de la aparición de una avería. Una vez que esta es detectada, se pone en marcha el proceso para solucionarla, que consta de tres fases: determinación, solución y documentación. La determinación de la avería es realizar un examen al ordenador que ha fallado para localizar el problema y esbozar las posibles soluciones. La solución consiste en resolver el problema de la forma más óptima, teniendo siempre en cuenta las características individuales de cada equipo y error. La documentación de la avería trata de dejar constancia tanto de la avería como de su reparación, detallando el proceso para futuras averías del mismo tipo.

Ejercicios de repaso y autoevaluación

1. Defina brevemente el concepto de plan de mantenimiento.

____
____
____
____

2. ¿Qué consideraciones hay que tener en cuenta a la hora de clasificar una avería?

____
____

3. Indique el nivel de gravedad de las siguientes averías (muy leve, leve, grave, muy grave, crítico).

a. El ordenador no inicia el Sistema Operativo y da un mensaje de error.
b. El antivirus de un equipo sin conexión a Internet no inicia.
c. El ordenador da un aviso mostrando que el disco duro está prácticamente lleno, pero funciona con normalidad.
d. Al encender el ordenador, muestra un mensaje que dice: "Disco duro no encontrado" y no inicia.

4. Complete las siguientes oraciones.

a. Un plan de mantenimiento __________ trata de __________ las averías antes de que se produzcan.
b. El plan de mantenimiento supone un __________ para la empresa, pero siempre es menor que el que ocasiona la __________ de las averías.
c. La __________ del equipo humano es importante a la hora de diseñar el plan de mantenimiento, así como las __________ de cada uno en la empresa.
d. Analizar cada ____________/____________ individualmente permitirá __________ de manera más eficaz los posibles errores futuros.

5. Enumere las consideraciones a tener en cuenta a la hora de realizar el análisis individual de los equipos informáticos.

____
____
____
____

6. De las siguientes afirmaciones, diga cuál es verdadera o falsa.

a. La elaboración del plan de mantenimiento solo afecta al equipo humano de la empresa.

- ☐ Verdadero
- ☐ Falso

b. Las medidas que formarán el plan de mantenimiento se extraerán del informe del análisis previo.

- ☐ Verdadero
- ☐ Falso

c. Se debe priorizar la corrección de errores solo a los más probables.

- ☐ Verdadero
- ☐ Falso

d. Si un error puede solucionarse de varias formas, se elegirá siempre la más cómoda.

- ☐ Verdadero
- ☐ Falso

7. Justifique si la siguiente afirmación es correcta o incorrecta: El plan de mantenimiento debe usar un lenguaje técnico y culto y debe obviar los pasos que se consideren básicos.

____
____

---

8. Relacione los siguientes conceptos.

a. Mantenimiento proactivo.
b. Mantenimiento reactivo.
c. Hoja de inspección previa.
d. Determinación de la avería.

__ Comienza con la avería.
__ Primer paso del protocolo de actuación.
__ Prevención.
__ Análisis individual de equipos.

9. Defina brevemente el método de trabajo del mantenimiento reactivo y sus fases.

____
____

10. Coloque los siguientes conceptos en la columna a la que crea que pertenecen (pueden aparecer en las dos): análisis del equipo humano, minimizar impacto económico, previsión de averías, probabilidad, aparición de averías, determinación de la avería.

Mantenimiento proactivo	Mantenimiento reactivo

11. Enumere y defina los pasos necesarios para documentar una avería.

____
____
____
____

12. Seleccione el concepto más adecuado para completar correctamente las siguientes frases.

a. El plan de mantenimiento proactivo debe prevenir/solucionar los posibles errores.
b. El mantenimiento reactivo comienza antes/después de detectarse una avería.
c. Un plan de mantenimiento funciona correctamente si el número de incidencias detectadas aumenta/disminuye.
d. Si al reparar una avería se encontrase una forma más optimizada de hacerlo, se reflejaría/se omitiría en la hoja de reparación.

13. En un plan de mantenimiento proactivo...

a. ... se ordenan las posibles averías utilizando como criterio principal el impacto económico que supondrían para la empresa.
b. ... las averías deben prevenirse.
c. ... se redactará una hoja de reparaciones al resolver cada avería.
d. ... no se debe tener en cuenta el coste económico, ya que el correcto funcionamiento de los equipos no tiene precio.

14. Defina brevemente en qué consiste el registro de incidencias.

____

____

____

____

15. ¿Qué utilidad tiene el proceso de documentación de una avería?

____

____

____

____

Capítulo 3

Gestionar los problemas frecuentes

Contenido

1. Introducción
2. Localizar y documentar los problemas frecuentes
3. Resolver los casos de problemas frecuentes
4. Dotar a los usuarios de medios para solucionar por sus propios medios los problemas frecuentes
5. Atajar la causa raíz de los problemas frecuentes
6. Resumen

1. Introducción

Una vez que se han definido las estrategias del plan de mantenimiento, llega el momento de hacer frente a los problemas más frecuentes que aparecen en los ordenadores.

Existen una serie de averías que son inevitables en los sistemas informáticos. Llega un punto en la vida útil de un ordenador en el cual aparecen funcionamientos incorrectos, ya sea lentitud en el sistema, imposibilidad de actualizar el *software* debido a que el equipo está quedando obsoleto, errores puntuales debido al propio desgaste de los componentes, etc.

También pueden ocurrir errores que se consideran típicos o frecuentes debido a la propia arquitectura del *software* que se utilice. Cuando se lanza al mercado un *software,* suele tener errores de diseño o de programación (denominados *bugs).* Normalmente, estos se van solucionando mediante las actualizaciones de los propios programas, pero se contemplan como errores frecuentes porque tienen una alta probabilidad de aparecer en cualquier equipo que utilice ese *software.*

Independientemente de si son errores por desgaste, por obsolescencia o errores de *software* que escapan tanto al usuario como al técnico, se deberá estar preparado para gestionarlos y solucionarlos, minimizando el impacto económico.

En cualquier caso, es obligación localizar estos errores, documentarlos y solucionarlos, así como dotar a los usuarios de las herramientas necesarias para solucionar estos errores por sus propios medios. También se deberá atajar la causa raíz de estos problemas en los casos en que sea posible, para evitar su aparición.

Para realizar estas funciones, es conveniente utilizar los denominados *software* de diagnóstico y mantenimiento, que no son más que utilidades que analizan el ordenador en busca de posibles errores y, si es posible, los solucionan con un simple clic.

2. Localizar y documentar los problemas frecuentes

Para localizar y documentar los problemas frecuentes en los equipos informáticos, es importante saber por dónde comenzar a buscar. Para ello, se debe examinar cada ordenador e identificar los *software* que están instalados.

Cada uno de ellos presentará unas características y peculiaridades, así como sus propios *bugs*.

2.1. Identificación del software instalado

Para identificar el *software* que cada equipo utiliza, es recomendable acudir a la documentación elaborada para el plan de mantenimiento proactivo. Si no existiese plan de mantenimiento previo o este fuese inaccesible, se deberá examinar cada equipo informático y elaborar la lista de *software.* Como mínimo, se tendrán en cuenta el Sistema Operativo y el *software* específico que utiliza, anotando la versión de cada programa.

Si se desconoce qué versión es la que está instalada en el equipo, todos los *software* tienen una sección de ayuda (normalmente, pulsando [F1] se accede a la ayuda del programa) y en esta sección se detalla la versión que se está utilizando. Si no se encontrase a simple vista, solo hay que buscar la opción **Acerca de...** y ahí vendrá detallado.

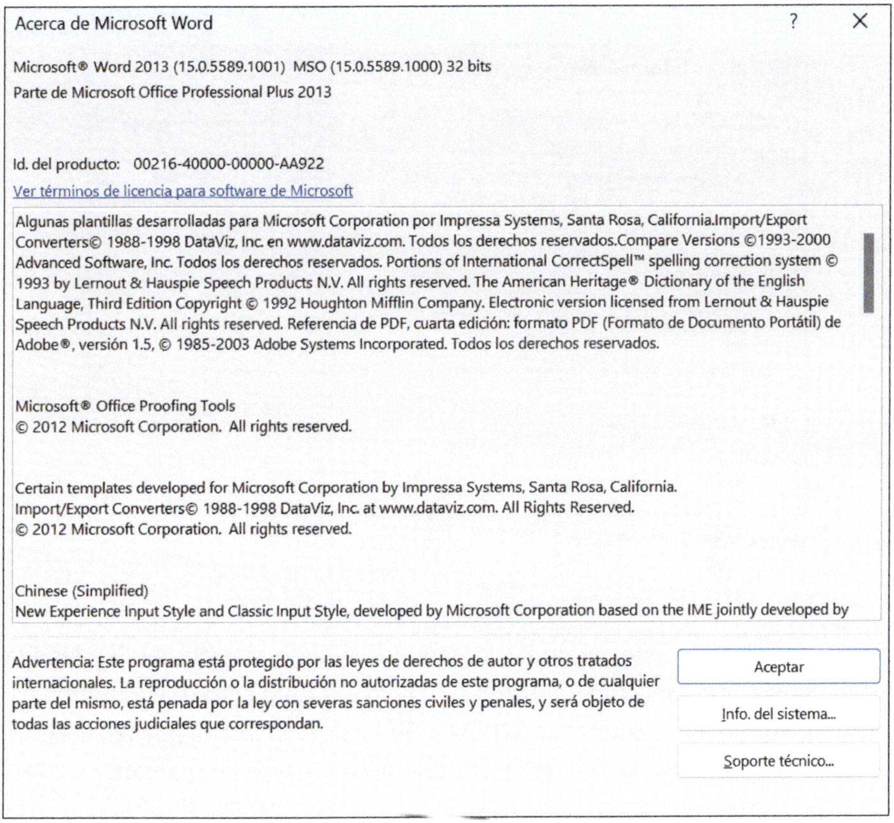

Acerca de Microsoft Word ? ×

Microsoft® Word 2013 (15.0.5589.1001) MSO (15.0.5589.1000) 32 bits
Parte de Microsoft Office Professional Plus 2013

Id. del producto: 00216-40000-00000-AA922
Ver términos de licencia para software de Microsoft

Algunas plantillas desarrolladas para Microsoft Corporation por Impressa Systems, Santa Rosa, California.Import/Export Converters© 1988-1998 DataViz, Inc. en www.dataviz.com. Todos los derechos reservados.Compare Versions ©1993-2000 Advanced Software, Inc. Todos los derechos reservados. Portions of International CorrectSpell™ spelling correction system © 1993 by Lernout & Hauspie Speech Products N.V. All rights reserved. The American Heritage® Dictionary of the English Language, Third Edition Copyright © 1992 Houghton Mifflin Company. Electronic version licensed from Lernout & Hauspie Speech Products N.V. All rights reserved. Referencia de PDF, cuarta edición: formato PDF (Formato de Documento Portátil) de Adobe®, versión 1.5, © 1985-2003 Adobe Systems Incorporated. Todos los derechos reservados.

Microsoft® Office Proofing Tools
© 2012 Microsoft Corporation. All rights reserved.

Certain templates developed for Microsoft Corporation by Impressa Systems, Santa Rosa, California.
Import/Export Converters© 1988-1998 DataViz, Inc. at www.dataviz.com. All Rights Reserved.
© 2012 Microsoft Corporation. All rights reserved.

Chinese (Simplified)
New Experience Input Style and Classic Input Style, developed by Microsoft Corporation based on the IME jointly developed by

Advertencia: Este programa está protegido por las leyes de derechos de autor y otros tratados internacionales. La reproducción o la distribución no autorizadas de este programa, o de cualquier parte del mismo, está penada por la ley con severas sanciones civiles y penales, y será objeto de todas las acciones judiciales que correspondan.

Aceptar

Info. del sistema...

Soporte técnico...

Ejemplo de sección Acerca de... de un software común, donde aparece la versión en uso

En el caso del Sistema Operativo, para ver la versión que hay instalada habrá que seguir otros pasos.

Identificar la versión de Windows

Para identificar la versión de *Windows* que está utilizando el ordenador, simplemente se debe ir al icono de **Equipo** (o **Mi PC** en versiones anteriores a *Windows 11),* hacer clic con el botón derecho del ratón sobre él y clicar en **Propiedades.** Se abrirá una nueva ventana en la cual se detalla la versión que se está utilizando, así como ciertos aspectos técnicos del ordenador (cantidad de memoria RAM, velocidad del procesador, etc.).

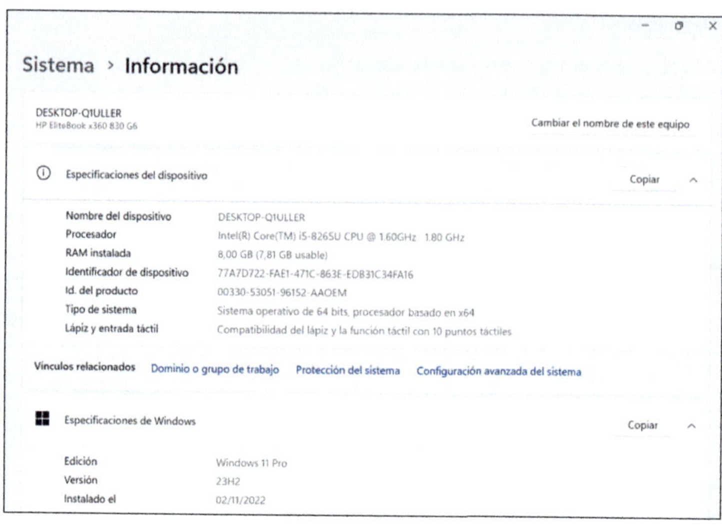

Información de la versión de Windows 7

Como se puede apreciar en la imagen, aparte de la versión del SO, facilita otros datos como versión del procesador, memoria RAM instalada y usable, así como el tipo de arquitectura del SO (32 o 64 bits). Además, se pueden acceder a todas las opciones de configuración del dispositivo como: pantalla, sonido, batería o almacenamiento.

Nota

A partir de la versión XP de Windows, el sistema podía tener una arquitectura de 32 o 64 bits, dependiendo del procesador instalado en el ordenador.

Identificar la versión de la distribución Linux

Si el ordenador tiene instalado *Linux* como SO, para averiguar la distribución a la que pertenece y su versión se ha de introducir en la consola o línea de comandos la siguiente instrucción: **cat /etc/issue.**

Esta instrucción indicará en primera instancia la distribución de *Linux* que está instalada, seguida de su versión (por ejemplo: devolverá *Ubuntu 22.04 LTS \n \l*). Si se desea averiguar el tipo de arquitectura que utiliza, se utilizará el comando **uname –m,** que devolverá el valor **x86_64** si la arquitectura es de 64 bits, o **i686** para arquitectura de 32 bits.

2.2. Identificación de los problemas frecuentes

Una vez que todo el *software* está identificado, el siguiente paso es elaborar una lista de los problemas frecuentes que puedan ocasionarse. Se pueden clasificar los problemas atendiendo a la siguiente clasificación: problemas por desgaste, problemas por obsolescencia y problemas específicos de cada *software.*

Problemas por desgaste

Se entienden como problemas por desgaste los derivados por el propio uso del ordenador.

Un ordenador está en constante cambio internamente. Cualquier actualización de un *software,* un *software* nuevo instalado o cualquier dato que se introduzca provocan cambios en la estructura de los datos. Debido a esto, con el transcurso del tiempo puede experimentar problemas de lentitud, errores en tareas que previamente funcionaban e incluso errores graves en el SO.

Estos problemas son inherentes a cualquier equipo informático y deberán estar contemplados en el desarrollo del plan de mantenimiento. Son solucionables con las herramientas y procesos adecuados.

Problemas por obsolescencia

A medida que los componentes *software* del ordenador se van actualizando a versiones más modernas, los requisitos *hardware* de estos para funcionar irán aumentando. Esto quiere decir que, tarde o temprano, el ordenador no tendrá la potencia suficiente para trabajar con esos programas y puede proliferar la aparición de errores y problemas durante el uso de los mismos. A estos problemas se les denomina problemas por obsolescencia.

Cuando el *hardware* (componentes físicos del ordenador) no es suficiente para la ejecución de un *software* determinado, este o directamente no funciona (con lo cual aparecería un mensaje de error en el *software* indicando que el ordenador no cumple con los requisitos mínimos) o bien funciona de manera incorrecta y lenta.

Al igual que los problemas que aparecen por desgaste, estos problemas son fácilmente detectables si se tienen en cuenta los requisitos de cada actualización de *software* que se instale en el equipo, pero, al contrario que los de desgaste, los problemas por obsolescencia no tienen fácil solución sin actualizar el *hardware* del ordenador.

Problemas específicos de cada software

Al igual que cada *software* tiene sus propias características en cuanto a funcionamiento, también tiene sus errores característicos y sus *bugs* conocidos. Estos *bugs* (errores de programación conocidos por los diseñadores) son únicos de cada *software,* así que, para poder localizarlos, habrá que acudir al manual de usuario que facilita el desarrollador del *software,* donde suelen venir reflejados en un apartado denominado FAQ. *(Frequently Asked Questions,* preguntas frecuentes en su traducción al español), usualmente con su correspondiente solución.

Sabía que...

Uno de los primeros sistemas FAQ creados data de los años 60 y se denominó Baseball. Se usó para responder a las preguntas sobre la liga de **baseball** de Estados Unidos y abarcaba datos del período de un año.

Asimismo, se puede recurrir a realizar una investigación por Internet, visitando comunidades de usuarios o foros dedicados a ese *software* específico. Usualmente, los propios usuarios detallan las experiencias que han tenido con ese *software*, incluyendo los errores o fallos que hayan experimentado. También es un buen método para recopilar soluciones a posibles problemas, ya que los usuarios también las comparten para el uso de los demás.

1. Indique cómo diferenciaría un error de un *bug*.

2.3. Documentación de los problemas frecuentes

Una vez que los problemas frecuentes estén localizados, se ha de proceder a documentarlos, para así tener constancia de ellos.

Para este proceso, se podrían utilizar varias herramientas, pero lo más indicado sería utilizar una base de datos (ya sea en *Microsoft Access* o *LibreOffice Base de datos*), con su correspondiente registro en papel, para facilitar la consulta a usuarios no familiarizados con los sistemas de gestión de bases de datos.

Creación de base de datos

Para la creación de una base de datos en *Microsoft Access*, lo primero de que se debe disponer es del *software* con su correspondiente licencia de uso. El paquete *Microsoft Office* al que pertenece *Access* es un *software* de pago y, si no se dispone de una licencia original, se estaría inquiriendo en un delito de piratería. Si se utilizara *LibreOffice Base de datos*, la licencia no sería necesaria, ya que es un *software* de libre distribución y es completamente gratuito.

Antes de crear ninguna tabla, se debe realizar un análisis de los campos que van a aparecer en ella. Los Sistemas de Gestión de Base de Datos (en adelante,

SGBD) ofrecen la posibilidad de trabajar con diversas tablas enlazadas entre sí por los llamados **campos clave.** Estos campos son únicos en cada tabla y son los que se utilizarán para enlazarse con otras.

Para esta base de datos en concreto, se podría contar con las siguientes tablas y campos en cada tabla:

- **Averías:** en esta tabla se detallarán las averías que se han ido detectando. Los campos que la compondrían serían:
  - **ID_Avería:** un código identificativo único para cada avería detectada. Sería el campo clave primaria de esta tabla.
  - **Descripción:** una descripción de la avería, indicando los síntomas que presenta el ordenador.
  - **Solución:** se indicaría la solución óptima a dicha avería.

- **Equipos:** en esta tabla se detallarán los aspectos técnicos de cada uno de los equipo de la empresa. Los campos serían:
  - **ID_Equipo:** código identificativo de cada ordenador. Sería campo clave primaria en esta tabla, con lo cual no se podrá repetir.
  - **Departamento:** departamento al que pertenece el ordenador.
  - **Sistema_Operativo:** SO que utiliza el equipo.
  - **Otros_datos:** en este campo se detallarán otros datos de interés sobre el equipo, meramente informativos.

- **Incidencias:** esta es la tabla más importante, ya que es la que se utilizará de enlace para las demás. En ella se detallarán las incidencias que se presenten en los equipos y será donde se realicen las consultas. Los campos serían:
  - **ID_Incidendia:** código identificativo de la incidencia producida. Cada vez que se detecte una, se introducirá un nuevo registro en la base de datos. Sería la clave primaria en esta tabla.
  - **ID_Avería** (correspondiente a la tabla Averías): es el campo que enlazará esta tabla con la tabla Averías. Indicará la avería que ha

provocado la incidencia. Este campo se indicaría como clave secundaria o externa.

- **ID_Equipo** (correspondiente a la tabla Equipos): es el campo que enlazará esta tabla con la tabla Equipos. Indicará el equipo en el que se ha producido la incidencia. Este campo se indicaría como clave secundaria o externa.
- **Fecha:** fecha en la que se ha producido la incidencia.

Estos campos serán suficientes para documentar las averías detectadas.

Una vez definidos los campos que formarán parte de las tablas, es el momento de establecer las relaciones entre ellas. Las relaciones permitirán que las tablas utilicen datos entre sí, lo que ahorrará tiempo a la hora de la introducción de registros. Tal como está planteado, al introducir un registro en la tabla de incidencias, cuando se rellene el campo **ID_Avería** o **ID_Equipo,** la base de datos enlazará esos campos a su correspondiente tabla. Así, cuando se rellene el campo **ID_Avería,** se enlazará a la descripción y la solución que se ha introducido en la tabla Averías. Igualmente, al rellenar **ID_Equipo,** el sistema utilizará los datos de la tabla Equipos y no habrá que rellenar manualmente los campos que aparecen en dicha tabla.

Para entender las relaciones entre tablas, hay que definir el tipo de relación entre ellas, que podría ser 1:1, 1:N o N:M.

Relación 1:1

Este tipo de relación indica que por cada registro existente en la tabla principal (la que contiene el campo a relacionar como clave primaria) solo puede existir un registro en la tabla externa (la que contiene este campo como clave externa o secundaria).

Relación 1:N

Este tipo de relación indica que, por cada registro existente en la tabla principal, pueden existir N registros en la tabla secundaria o externa, es decir, infinitos registros. Por ejemplo, en una tabla Productos, la identificación de un producto deberá ser única, pero en una tabla Pedidos, ese producto puede aparecer tantas veces como pedidos tenga (1 en Productos, N en Pedidos).

Relación N:M

Para que este tipo de relación se produzca, tiene que haber una tabla intermedia. La relación N:M (de varios a varios) en una tabla no es más que la conjunción de dos relaciones 1:N en una tabla intermedia.

En el caso de esta base de datos, las relaciones serían 1:N entre las tablas, ya que una avería (**ID_Avería** en la tabla Averías) puede aparecer en varias incidencias (cada incidencia es un nuevo registro en la tabla Incidencias, por lo que la posibilidad de que una avería no se repita en las múltiples incidencias que se den es realmente irrisoria). Asimismo, un equipo (**ID_Equipo** en la tabla Equipos) puede tener varios registros en la tabla Incidencias.

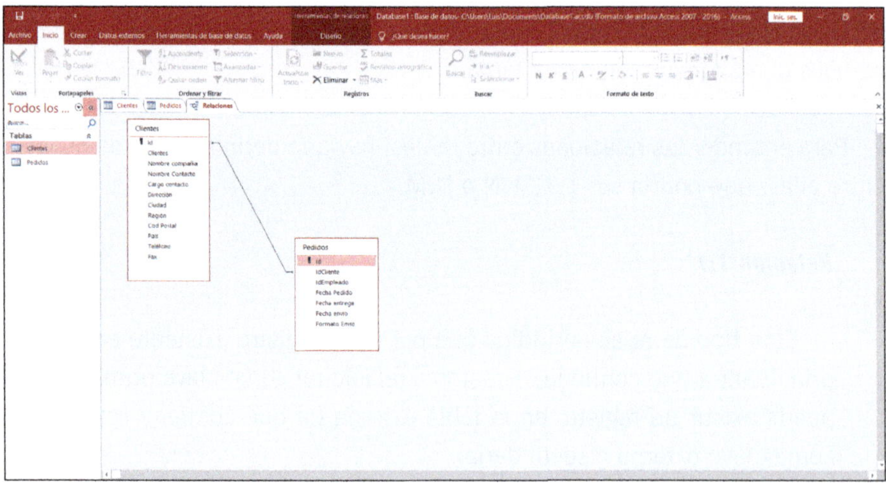

Ejemplo de pantalla de relaciones en Access

Una vez que se ha definido la estructura de tablas, se procederá a crear un informe de impresión para dejar constancia en papel de los datos recopilados.

Creación del informe de impresión en MS Office

Para la creación del informe de impresión, se utilizará el asistente de creación de informes, ya que, en este caso, al ser un documento interno y meramente informativo, se podría utilizar un diseño estándar de los que proporciona el propio *software.*

En primer lugar, siguiendo los pasos del asistente, se seleccionarán los campos de las tablas que deban aparecer en el mismo. En este caso, es recomendable seleccionar todos, excepto aquellos que se repitan. Es importante prestar atención en este punto, ya que se han de seleccionar campos de todas las tablas, no solo de una.

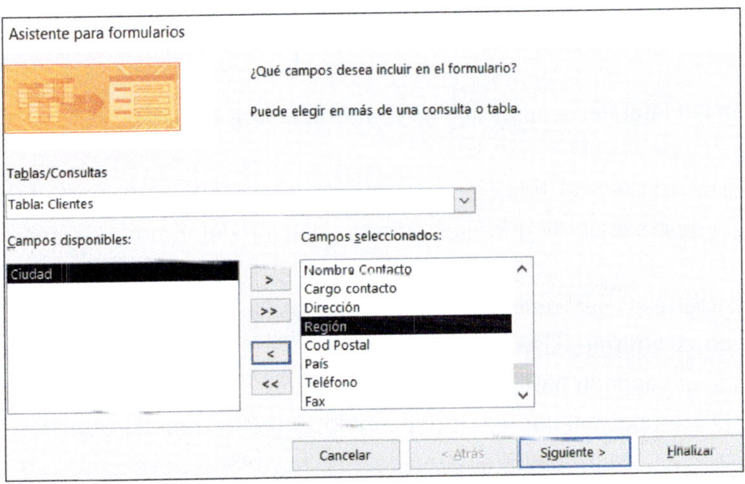

Ejemplo de los campos seleccionados en el primer paso del asistente (MS Access)

El siguiente paso del asistente es el de indicar el orden de prioridad en el cual se van a mostrar los datos. Lo realmente importante de este informe es ver claramente las incidencias producidas, así que la selección correcta sería (en este caso) "Por incidencias".

Al clicar en **Siguiente,** el asistente pregunta si se desea agregar un nivel de agrupamiento, esto es, simplemente, agrupar los datos mostrados según uno de los campos seleccionados. Al igual que en el paso anterior, es recomendable agruparlos por incidencia, seleccionando el campo **ID_Incidencia.**

Posteriormente, el asistente indicará el criterio de ordenación de los campos, que será a gusto del creador de la base de datos.

Por último, el asistente muestra indicaciones sobre el diseño del informe en papel. Este diseño también será a gusto del creador, aunque se recomienda elegir un diseño sencillo y cómodo, en el cual de un vistazo se pueda identificar lo que se está buscando en él.

Una vez se ha terminado de diseñar el informe, se puede proceder a la impresión del mismo. En él aparecerán todos los datos que se han introducido en las tablas, ordenados según los criterios indicados en el asistente de creación de informes.

Creación del informe de impresión en LibreOffice Base de datos

Al igual que en su homólogo de *Microsoft,* en *LibreOffice* se utilizará el asistente de creación de informes para la creación del informe de impresión.

El primer paso será seleccionar la tabla y los campos que se desea que aparezcan en el informe. Una vez seleccionados, al clicar en el botón **Siguiente,** aparecerá el segundo paso, que permitirá asignar un nombre diferente al de la tabla a los campos del informe. Por ejemplo, si en lugar de **ID_Equipo** se desea que aparezca "Identificador del equipo", no hay más que escribirlo en su caja de texto correspondiente.

El tercer punto del asistente es el "Nivel de agrupación". Este permitirá agrupar los campos según el criterio que se le indique. Una vez se elija el criterio deseado, se hará clic en el botón **Siguiente.**

El siguiente punto, número cuatro, permite la posibilidad de ordenar los campos del informe mediante el orden de un campo concreto. Es decir, se puede ordenar por **ID_Equipo** y aparecerán ordenados según el identificador de cada equipo. Independientemente del campo elegido para establecer el orden, se puede configurar que el orden sea ascendente o descendente.

El punto número cinco permite seleccionar el diseño del informe, así como su orientación en el papel. Al hacer clic en cada tipo de diseño, se puede observar en la ventana que aparece en segundo plano una vista preliminar del mismo, en la que se observa cómo quedaría el diseño seleccionado aplicado al informe.

En el sexto y último punto, se ofrece la opción de asignarle un nombre al informe, así como seleccionar entre crear un informe estático o dinámico, lo que afectaría a las sucesivas modificaciones sobre este. Una vez se haga clic en **Finalizar,** el informe se podrá modificar o abrir directamente, siempre y cuando se haya seleccionado la opción **Informe dinámico.** Si se selecciona **Informe estático,** directamente se abrirá para su impresión, impidiendo su modificación.

Actividades

2. Identifique el *software* instalado en su propio ordenador e investigue si existen versiones posteriores.
3. Investigue, utilizando las herramientas que considere necesarias, un ejemplo de un error producido por desgaste, otro por obsolescencia y otro específico de un *software* cualquiera; así como la solución correspondiente a dicho error.
4. Investigue ejemplos de cada uno de los tipos de relación entre tablas (al menos dos de cada uno) y explique con sus propias palabras por qué se da esa relación y no otra.

3. Resolver los casos de problemas frecuentes

Una vez localizados y documentados los problemas frecuentes, es hora de resolverlos. Para ello, se utilizarán diversas herramientas que inspeccionarán el equipo en busca de errores, así como herramientas que ofrecerán la solución más adecuada para remediarlos. Este tipo de herramientas se pueden clasificar en herramientas de diagnóstico, de consulta y de solución de errores.

3.1. Herramientas de diagnóstico

Estas herramientas son utilizadas para escanear el ordenador en busca de posibles errores. También se utilizan para monitorear el funcionamiento del *hardware* (ventiladores, temperatura del microprocesador, discos duros, etc.) para prevenir errores físicos e incluso permiten manipular algunos parámetros (por ejemplo ajustar la velocidad de los ventiladores para mayor refrigeración).

Un ejemplo de este tipo de herramientas es el administrador de tareas de *Windows*. Se puede acceder a él pulsando [Ctrl] + [Alt] + [Supr]. Nos proporciona información sobre los procesos que se están llevando a cabo en el ordenador, así como uso de la CPU, memoria y rendimiento.

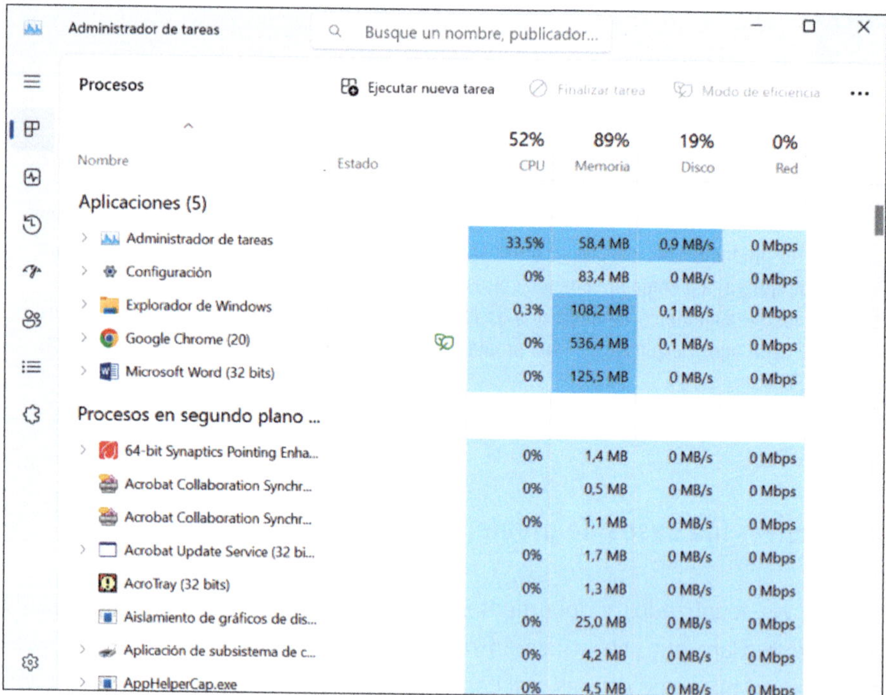

Nos permite también finalizar cualquier tarea que se esté ejecutando en ese momento. Para ello, se pulsa en la tarea que queremos y **Finalizar tarea.**

En el sistema operativo *Linux* existe un comando de monitoreo parecido al **Administrador de tareas** de Windows. Este comando es “htop”.

```
  1  [||                        1.3%]     5  [||                        2.0%]
  2  [||                        1.3%]     6  [|                         0.7%]
  3  [||                        3.2%]     7  [||                        3.3%]
  4  [||                        2.0%]     8  [||                        3.9%]
  Mem[|||||||||||||||||||3031/7847MB]     Tasks: 182, 547 thr; 1 running
  Swp[                      0/8051MB]     Load average: 0.14 0.28 0.35
                                          Uptime: 03:13:44

  PID USER      PRI  NI  VIRT   RES   SHR S CPU% MEM%   TIME+  Command
 1082 root       20   0  280M  7764  3132 S  0.0  0.1  0:00.00 /usr/lib/policyki
 1087 avahi      20   0 32476  1856  1428 S  0.0  0.0  0:00.13 avahi-daemon: run
 1091 avahi      20   0 32224   464   216 S  0.0  0.0  0:00.00 avahi-daemon: chr
 1197 root       20   0  353M 11496  5124 S  0.0  0.1  0:00.00 /usr/bin/docker.i
 1198 root       20   0 30728  2704  2032 S  0.0  0.0  0:00.37 /sbin/wpa_supplic
 1232 root       20   0 10232  3700  1400 S  0.0  0.0  0:00.00 /sbin/dhclient -d
 1356 root       20   0 18256   952   800 S  0.0  0.0  0:00.00 /sbin/getty -8 38
 1360 root       20   0 18256   960   800 S  0.0  0.0  0:00.00 /sbin/getty -8 38
 1371 root       20   0 18256   956   800 S  0.0  0.0  0:00.00 /sbin/getty -8 38
 1372 root       20   0 18256   960   800 S  0.0  0.0  0:00.00 /sbin/getty -8 38
 1375 root       20   0 18256   952   800 S  0.0  0.0  0:00.00 /sbin/getty -8 38
 1407 root       20   0 61364  3044  2360 S  0.0  0.0  0:00.00 /usr/sbin/sshd -D
 1434 root       20   0 23656  1040   780 S  0.0  0.0  0:00.01 cron
 1435 daemon     20   0 19140   164     0 S  0.0  0.0  0:00.00 atd
F1Help  F2Setup F3SearchF4FilterF5Tree  F6SortByF7Nice -F8Nice +F9Kill  F10Quit
```

Se pueden encontrar estas herramientas tanto en versión de pago como en versión gratuita *(freeware)*. Conviene utilizarlas para prevenir errores físicos en el equipo.

Sabía que...

Cuando un *software* consta de varias versiones diferentes, unas de pago y otras gratuitas, a la versión gratuita se la denomina *freeware.*

3.2. Herramientas de consulta

Las herramientas denominadas de consulta son aquellas que se utilizan a modo de manual para resolver los errores. Pueden ser los propios manuales del *software,* los foros o comunidades de Internet y las denominadas FAQ.

Manuales de software

Los manuales de *software* son los libros o documentos electrónicos (principalmente documentos de texto) que acompañan a un *software.* En ellos suelen aparecer diversos errores conocidos con su solución correspondiente. Asimismo, se pueden encontrar libros cuya temática sea la solución de errores de *software,* en los que se detalla cómo reparar ciertos errores en *software* determinados.

El uso de un manual para la reparación de un error requiere haber realizado una investigación o consulta previa en el manual, ya que, si no, se corre el riesgo de perder mucho tiempo entre la consulta y la solución del error.

Foros y comunidades de Internet

De un tiempo a esta parte ha proliferado el uso de estas herramientas como parte fundamental de la solución de problemas informáticos.

Los foros y comunidades de Internet son sitios web donde los usuarios de *software* se reúnen virtualmente, compartiendo sus experiencias con los programas. Se pueden encontrar desde usuarios novatos que apenas tienen conocimientos de este hasta auténticos expertos.

La gran ventaja de utilizar estas plataformas es que la búsqueda es mucho más fácil que en cualquier manual, ya que los contenidos están indexados en una web con títulos concisos y concretos y, simplemente sabiendo utilizar correctamente el buscador de Internet, se puede acceder en un par de clics a la solución deseada.

Otra grandísima ventaja de este tipo de herramientas es poder exponer la situación que ocurre a un grupo de personas que, con más o menos conocimientos, intentarán ofrecer una solución al problema o simplemente una perspectiva nueva que permita remediar el error.

Estas comunidades se basan en la solidaridad, así que no está bien considerado solicitar ayuda en repetidas ocasiones sin colaborar en otros temas aportando conocimientos.

Importante

En los foros y comunidades de Internet, hay que tener muy en cuenta que, al ser entidades que construyen los propios usuarios, es posible que haya información errónea. Hay que leer con cuidado y aprender a filtrar las opiniones subjetivas de cada usuario de los conceptos realmente importantes y que puedan ser de utilidad.

FAQ

Un FAQ (abreviatura de *Frequently Asked Questions*, preguntas más frecuentes en español) es un documento donde aparecen las posibles dudas que puede tener un usuario al instalar o utilizar un *software* determinado. Suele ser facilitado por los desarrolladores del *software*, ya sea en formato físico como un apéndice del manual de usuario o en formato web.

La diferencia entre el FAQ y el manual de usuario en sí es que el FAQ aborda problemas muy concretos y aporta su solución.

Se podría decir que el FAQ es un foro o comunidad en el cual los que exponen los problemas y las soluciones son los desarrolladores del *software*, no los propios usuarios. A diferencia de los foros, no son interactivos, si no que su estructura es fija y solo es posible que cambie con las actualizaciones del *software* al que se refiere.

Este tipo de herramienta es recomendable cuando se encuentran problemas en la instalación de un *software*.

3.3. Herramientas de solución de errores

Se denominan herramientas de solución de errores a aquellas que, además de diagnosticar los posibles problemas que pueden ocurrir en el ordenador, ofrecen soluciones automatizadas para estos.

Este tipo de *software* se utiliza normalmente para solucionar los problemas que aparecen por el desgaste típico del ordenador, es decir, problemas en el registro, en la ordenación del disco duro (fragmentación del disco) o en la instalación y desinstalación de otros *software.*

Es recomendable utilizarlos periódicamente para prevenir errores graves.

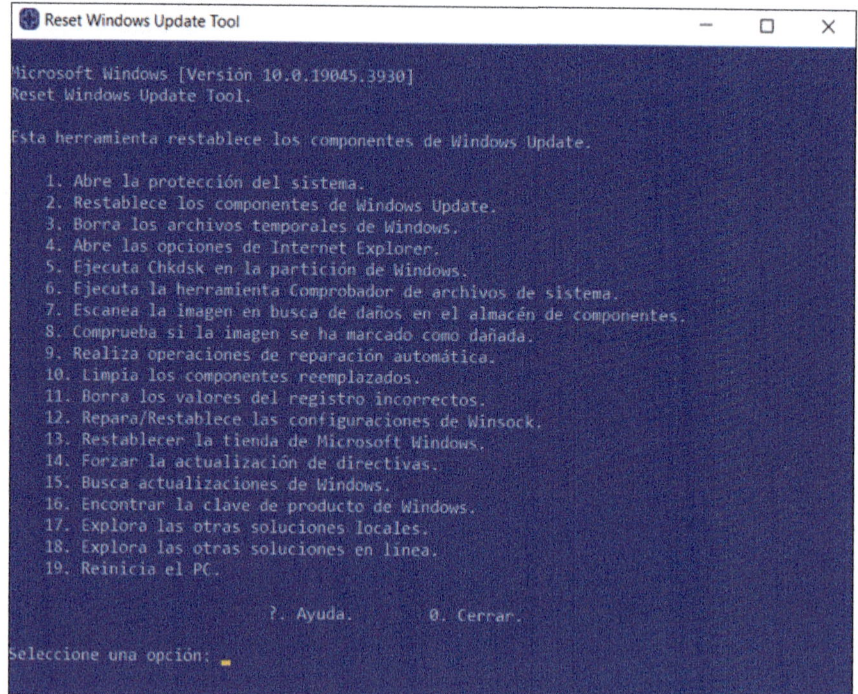

Ejemplo de una herramienta de solución de errores en Windows

Este tipo de herramientas existen tanto en los sistemas *Windows* como en *Linux,* cada una con su funcionamiento y particularidades.

Importante

Antes de modificar cualquier entrada de registro con las herramientas de solución de errores, hay que realizar copia de seguridad. El propio *software* dará esa opción. Debe recordarse también escanear de nuevo una vez que termine la solución de errores para cerciorarse de que se han solventado todos.

Aplicación práctica

Uno de los equipos de su centro de trabajo presenta un funcionamiento anormal, trabajando más lento de lo deseable. ¿Qué herramientas utilizaría para identificar el error?

SOLUCIÓN

Como primera opción, las herramientas de consulta permitirán establecer si se trata de un error frecuente contemplado en el manual del *software.* Si no apareciese en el manual, se pasarían a explorar los foros de Internet y los FAQ para seguir recabando información y finalmente identificar y solucionar el error.

4. Dotar a los usuarios de medios para solucionar por sus propios medios los problemas frecuentes

Para el personal técnico, las herramientas descritas a lo largo de este capítulo son algo cotidiano, pero para el usuario básico de un ordenador son todo lo contrario.

Cuando un usuario se enfrenta a un error, por norma general no tiene la perspectiva ni los conocimientos necesarios para atajarlo correctamente sin asesoramiento, lo cual puede desembocar en un error más grave y, por ende, en una pérdida económica y de tiempo bastante más sustancial. Por ello, es necesario que estos usuarios se familiaricen con las herramientas necesarias para hacer frente ellos mismos a la solución de pequeños errores sin que interrumpan su dinámica normal de trabajo ni les suponga un esfuerzo extra dedicar cierto tiempo a solventar estos errores.

A continuación, se detallarán las nociones de uso básicas que han de tener los usuarios a la hora de utilizar herramientas de diagnóstico, consulta y solución, utilizando ejemplos prácticos de *software* real.

4.1. Utilización de *software* de diagnóstico

El usuario es el elemento que controla el ordenador. Por mucho que el técnico optimice al máximo todos los recursos del ordenador, si el usuario no aporta nada positivo al mantenimiento del mismo la lluvia de errores será casi constante. Es obligación del usuario entender este tipo de *software* para prevenir averías que pongan en riesgo el funcionamiento de su equipo y, en consecuencia, su rendimiento como trabajador. No es necesario que se convierta en un experto, pero si debe saber interpretar la información que este tipo de *software* le va a entregar. Es decir, debe saber distinguir qué datos están en su parámetro correcto y qué datos suponen un riesgo (temperaturas, voltajes, etc.).

Para ello, se le debe formar en el uso cotidiano de antivirus, *software* de monitorización del *hardware* y el *software,* foros, FAQ y *software* de solución de errores.

Uso del antivirus

El antivirus protege el ordenador de la entrada de archivos maliciosos que puedan ocasionar un mal funcionamiento del ordenador e incluso pérdidas de datos y errores graves en su funcionamiento.

El usuario debe conocer cómo realizar un escáner del equipo, identificar qué archivos son los que pueden dar problemas y distinguir unos conceptos básicos en el funcionamiento de este tipo de *software.*

Cada antivirus tiene su propio modus operandi, pero las funciones básicas son las mismas en casi todos.

Análisis del equipo

El análisis es la herramienta básica del antivirus. Esta herramienta escanea el ordenador en busca de cualquier tipo de archivo malicioso o potencialmente peligroso. Suele aparecer en el menú principal del antivirus.

Es recomendable realizar el análisis completo, es decir, escanear todos los aspectos del ordenador: memoria, disco duro, discos extraíbles y procesos en ejecución.

En el caso de los discos extraíbles, es fundamental que se analicen una vez se conecten al equipo y antes de realizar cualquier acción con ellos (copiar archivos, por ejemplo).

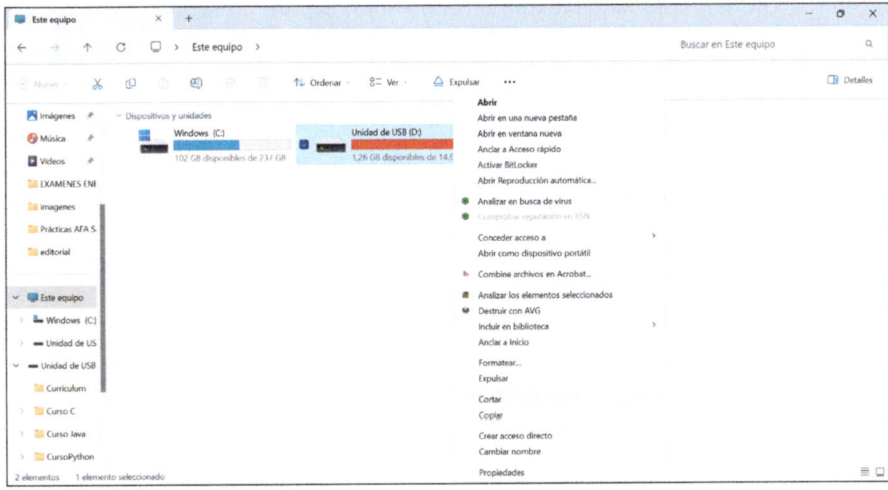

Cómo analizar un disco extraíble con el antivirus

Una vez analizado, el antivirus mostrará si el disco está limpio o si se han encontrado amenazas y si estas han sido neutralizadas. En caso de que hayan sido neutralizadas, se podrá trabajar con el disco extraíble sin ningún problema. Recuérdese mantener el antivirus actualizado para que funcione correctamente. En el supuesto de que el antivirus no se encuentre actualizado, es posible que archivos maliciosos no sean detectados y terminen afectando al funcionamiento del ordenador.

Concepto de cuarentena

En ocasiones, el antivirus no puede eliminar un archivo que ha considerado malicioso, ya sea porque el archivo se encuentra en uso o por cualquier motivo que lo impida. En estos casos, el antivirus envía el archivo a la denominada "zona de cuarentena". Esto no es más que aislar el archivo sospechoso para evitar que infecte el equipo, procediendo a eliminarlo en cuanto sea posible. Por norma general, el antivirus pedirá reiniciar el ordenador y lo eliminará durante el proceso.

Distinción entre archivos

A veces el antivirus detecta como peligroso un archivo que en realidad no lo es. Puede ocurrir con archivos que pertenezcan a los controladores de cualquier dispositivo externo (impresora, escáner, disco duro, etc.). En estos casos, el usuario debe saber distinguir si ese archivo es realmente un archivo peligroso o es un error del antivirus. Cuando el antivirus muestra la detección de un archivo peligroso, indica la ruta donde se encuentra y su nombre completo. El usuario debe estar familiarizado con los componentes de su equipo para evitar que el antivirus elimine estos archivos, ya que pueden ocasionar funcionamientos erróneos en el ordenador.

Antivirus en Linux

Una de las principales ventajas de los sistemas *Linux* es que son prácticamente inmunes a los virus. Se conocen casos, pero no suponen un peligro para el sistema.

Aun así, existen antivirus que funcionan en los sistemas *Linux,* pero se utilizan principalmente para analizar el sistema *Windows* si se tienen los dos sistemas instalados en un mismo equipo.

En este caso, el funcionamiento y las características son exactamente iguales que en *Windows,* con lo cual se puede referir este funcionamiento a los puntos anteriores.

Recuerde

Los conceptos de análisis y cuarentena son comunes a prácticamente la totalidad de antivirus que hay en el mercado.

Uso de software de monitorización

El control de los valores de *hardware* y *software* es un concepto que a muchos usuarios les supone un abismo insalvable. Utilizando este tipo de *software* se pueden evitar muchos tipos de problemas, así que es muy conveniente que el usuario aprenda a manejarlos con cierta soltura. Valores como el porcentaje de uso de la memoria RAM, el espacio disponible en el disco duro o la temperatura de la memoria RAM y el microprocesador son claves para que el ordenador funcione correctamente.

Monitorización de la memoria RAM y el procesador

El concepto de monitorización de la memoria RAM se refiere a la observación de la carga de trabajo de la memoria, así como a su temperatura. Recuérdese que la RAM *(Random Access Memory* o Memoria de Acceso Aleatorio) es la memoria de trabajo del ordenador. Esta se libera cuando se apaga o reinicia el ordenador. Si la carga de trabajo de la RAM es muy elevada, provocará lentitud en el sistema, así como la imposibilidad de iniciar algunos programas.

La monitorización del procesador o microprocesador se refiere a observar sobre todo la temperatura del mismo, ya que una temperatura excesiva puede provocar una avería irreparable en el equipo.

Existe multitud de *software* para monitorizarla, desde *widgets* hasta *software,* más complejo con muchas más opciones. Para el usuario estándar basta con instalar un *widget* desde el *Microsoft Store* que avise al usuario, si la carga de trabajo o la temperatura superan los límites aceptables.

Un *widget* de estas características podría ser CPU Heartbeat, gratuito y con un funcionamiento que no interferirá en las funciones del usuario.

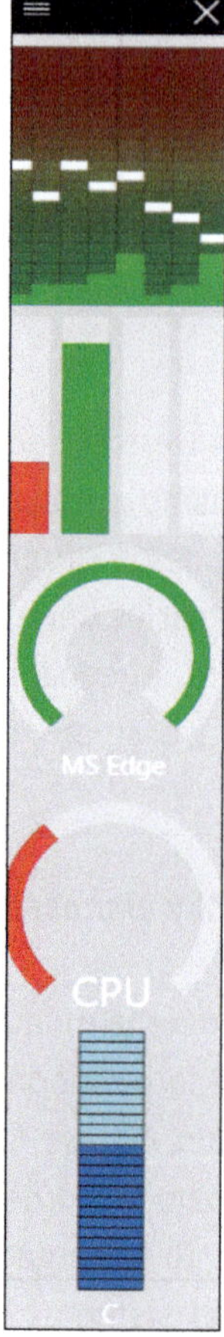

CPU Heartbeatb

Monitorización del disco duro

Al igual que con la memoria RAM, la monitorización del disco duro se refiere a la observación del espacio disponible en este. Para ello, basta con observar las propiedades del disco duro deseado, sin ningún tipo de *gadget* ni *software* especial. Para la liberación de espacio en el disco, sí se utilizará un tipo de *software* específico que se verá más adelante.

Utilización de foros y FAQ

El usuario debe conocer cómo utilizar los foros y los FAQ para intentar resolver problemas por su cuenta. Se le habrá de facilitar la documentación necesaria (enlaces a los foros y FAQ, manuales de usuario de *software,* etc.) para que él mismo encuentre una solución a averías pequeñas.

La labor del técnico en este sentido es enseñarle a interpretar los términos del lenguaje técnico que se pueda encontrar, así como facilitarle la documentación para acceder a estas herramientas.

Utilización de *software* de solución de errores

Es recomendable que el usuario conozca algún programa de este tipo, ya que puede ayudar mucho al mantenimiento del ordenador. El uso periódico de este tipo de *software* puede evitar errores graves, así como mejorar sustancialmente el rendimiento del ordenador.

Un *software* adecuado para el usuario es *CCleaner,* debido a su intuitiva interfaz y a su sencillez de uso. Es un *software* gratuito, lo que es un punto más a su favor.

El menú principal del programa muestra la ventana de "Limpiador", que es la herramienta utilizada para liberar espacio en el disco duro. Analiza el disco duro del equipo en busca de archivos temporales que están ocupando un espacio y no son realmente útiles. Ofrece la posibilidad de seleccionar los programas que debe analizar en busca de este tipo de archivos. Así, si no se quieren perder, por ejemplo, las contraseñas guardadas en el navegador, simplemente desmarcando la casilla correspondiente se mantendrán intactas.

La siguiente ventana muestra el limpiador de registro. Esta herramienta analiza el registro del SO en busca de entradas incorrectas que puedan causar un problema en este. Una vez analizado, da la opción de reparar los errores que existen. Recuérdese hacer una copia de seguridad antes de reparar los errores (el propio *CCleaner* lo advertirá).

La tercera ventana que muestra el programa es la de herramientas. En ella, se pueden encontrar el desinstalador de *software*, la configuración del inicio de *Windows*, un buscador de archivos, la opción para restaurar el sistema a un punto anterior y un formateador de unidades. Esta ventana es para usuarios más avanzados, con lo cual carece de interés para el usuario estándar.

Por último, aparecerán las opciones de configuración del programa. En ellas, se podrá elegir el idioma, así como las opciones de arranque del *software*. Al igual que la ventana anterior, está orientada a usuarios con más conocimientos, por lo que no se entrará en detalle por el momento.

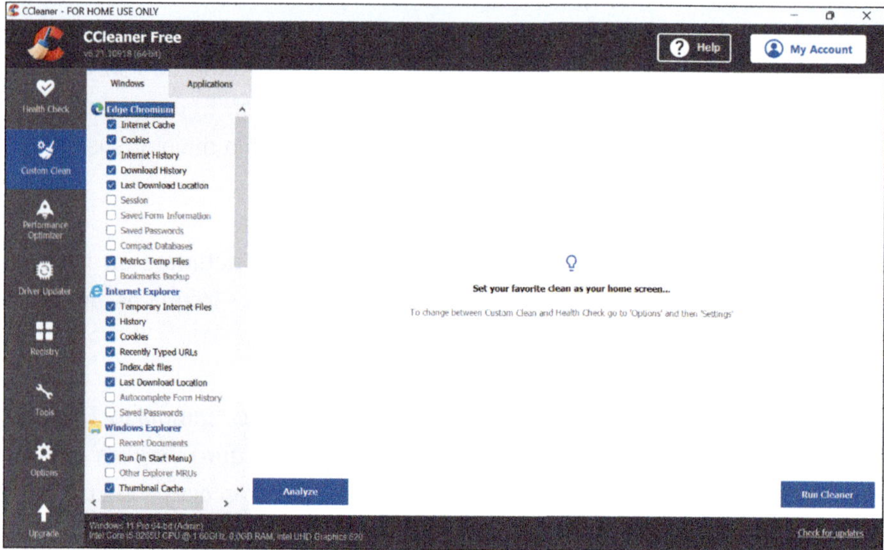

Pantalla principal de CCleaner en Windows 11

Actividades

5. ¿Qué pasos seguiría para comprobar que una memoria USB es segura al insertarla en un ordenador?
6. Enumere los tipos de herramientas que existen para la solución de errores y un ejemplo de cada uno.

Continúa en página siguiente >>

<< Viene de página anterior

7. Defina con sus propias palabras el concepto de cuarentena.
8. Explique, según su criterio, la diferencia entre un foro y un FAQ.

---

5. Atajar la causa raíz de los problemas frecuentes

Aunque el usuario ponga de su parte para mantener el equipo en perfectas condiciones, es labor y obligación del técnico reducir al mínimo los problemas que este se pueda encontrar. Por ello, es necesario atacar la raíz de los problemas antes de que estos se produzcan, para evitar males mayores y no delegar responsabilidades en usuarios comunes.

Llegados a este punto, donde los problemas frecuentes están detectados y documentados, se realizará un análisis de estos y se tomarán las medidas oportunas para evitar que se produzcan.

5.1. Solucionar los problemas producidos por desgaste

Los problemas producidos por el desgaste son difíciles de atacar en su raíz, ya que afloran con el paso del tiempo. No existe una causa concreta que los haga aparecer en un momento determinado, así que lo importante para prevenirlos es contar con un plan de mantenimiento efectivo que mantenga el ordenador en óptimas condiciones. El desgaste en los equipos informáticos es un problema inevitable que tarde o temprano acaba dando la cara, pero se puede retrasar su aparición.

Para retrasar estos problemas, se deben mantener en correcto estado tanto el SO como el *software* específico que esté instalado en el ordenador.

Para mantener el Sistema Operativo en óptimas condiciones, hay que tener en cuenta que cualquier acción (borrar un archivo, introducir uno nuevo, desinstalar un *software,* etc.) causa un pequeño desorden en el disco duro, así que hay que vigilar su fragmentación. Una fragmentación superior al 3 %

puede empezar a ocasionar lentitud en el sistema, con el consecuente riesgo de funcionamiento anormal.

Para evitar esto, se cuenta con la herramienta **Desfragmentador de disco,** la cual habrá que utilizar periódicamente para mantener el disco en buenas condiciones.

En los sistemas *Linux,* debido a la propia naturaleza de su sistema de archivos, el disco no se fragmenta hasta un nivel en el cual pueda afectar a su rendimiento. Aun así, se puede desfragmentar el sistema con la instrucción **sudo e4defrag /.**

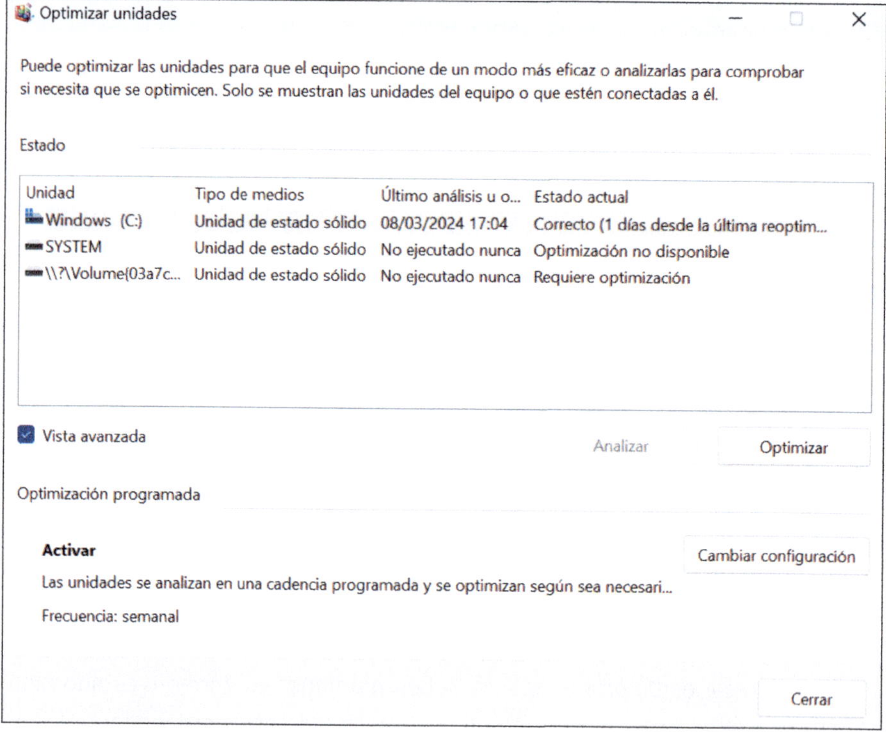

Desfragmentador de disco Windows 11

Otro parámetro al que se debe prestar atención es el registro del Sistema Operativo. Con el *software* adecuado, se escaneará en busca de posibles errores y se solucionarán.

En cuanto al *software* específico, hay que vigilar que los requisitos mínimos de este no superen las capacidades de la máquina en la que se va a instalar. Si el ordenador va un poco justo en cuanto a esto, es posible que el programa funcione incorrectamente y no se utilice todo su potencial. Para evitar esto, se puede intentar actualizar el *hardware,* con el consiguiente gasto económico que ello supondría. Otra opción, más económica, es estudiar si hay una versión de ese *software* que necesite menos requisitos y pueda desarrollar las funciones para las que se le necesita.

5.2. Solucionar problemas por obsolescencia

Para atajar la causa de estos problemas, la solución es mantener el *hardware* del equipo actualizado. Esto implica un gasto económico que se debe contemplar en el plan de mantenimiento.

El *software* avanza a pasos agigantados, exigiendo cada vez más al *hardware.* Lo que ahora es lo último, en un año queda obsoleto, sobre todo si se quiere sacar el máximo partido a todos los programas instalados.

Normalmente, el coste de ampliar la capacidad de un equipo conforme vaya siendo necesario es menor que el de adquirir un equipo nuevo, pero llega un punto en el que el ordenador no puede aceptar más modificaciones y se debería afrontar la compra de un nuevo equipo.

Si se quieren atajar estos problemas desde su raíz, se deben contemplar cambios de *hardware* periódicos en el plan de mantenimiento general de la empresa.

Importante

Cuando se sustituya cualquier pieza de *hardware* por otra nueva, es imprescindible instalar los controladores o *drivers* de esta nueva pieza para su correcto funcionamiento.

5.3. Solucionar problemas específicos de cada *software*

Los problemas específicos deben ser abordados individualmente. La documentación elaborada sobre los problemas conocidos es fundamental para atajar estos problemas, ya que se puede iniciar una investigación para evitar estos errores desde el mismo momento en el que se instala el *software*. Si se observa que puede ocurrir un conflicto con algún tipo de *hardware* u otro *software* instalado, se deben buscar las alternativas para que puedan coexistir. En el caso extremo en el que no se encuentre ninguna solución de esta índole, se debe realizar un estudio para analizar qué *hardware* funcionaría bien con ese programa o qué *software* se debe sustituir para maximizar la compatibilidad entre todo lo instalado. Recuérdese que la prioridad es mantener el engranaje empresarial funcionando sin que ocurran pérdidas.

Aplicación práctica

Acaba de actualizar su *software* de trabajo a la última versión. En los requisitos mínimos, aparece como uno de ellos que el ordenador cuente al menos con 4 Gb de memoria RAM. Al analizar el equipo, descubre que solo cuenta con 2 Gb.

Comente las posibles consecuencias de esta situación.

SOLUCIÓN

Por norma general, si el equipo no cumple los requisitos mínimos para hacer funcionar el *software*, este no funcionará y dará un mensaje de error o, en el mejor de los casos, funcionará de forma incorrecta o sin utilizar todo su potencial.

Actividades

9. Explique con sus propias palabras el concepto de fragmentación del disco duro.
10. Investigue el avance de la velocidad de los microprocesadores de un año a esta parte. ¿Cómo considera que ha sido su evolución?

6. Resumen

Los problemas frecuentes son averías cuya probabilidad de aparecer es bastante alta. Suelen producirse bien por el desgaste propio del ordenador al ir acumulando aplicaciones y archivos, por la aparición de actualizaciones y nuevos *software* que soliciten más recursos que los que tiene el equipo, o bien por defectos propios del *software*, en cuyo caso vendrán detalladas en los manuales de usuario del propio *software*.

Estos problemas se deben detectar y documentar, para posteriormente solucionarlos.

La documentación de los problemas frecuentes se puede realizar en formato digital en forma de base de datos o en papel. Es recomendable utilizar los dos métodos, ya que la finalidad de la documentación es contar con un apoyo a la hora de enfrentarse a estos problemas. Cabe destacar que una vez que se formatea un ordenador, los problemas frecuentes siguen estando ahí, así que la mejor forma de enfrentarse a ellos es con una buena documentación e intentando atajar las causas raíz de estas averías.

Las herramientas para lidiar con estos errores son de diagnóstico, de consulta o bien de solución de problemas.

Las herramientas de diagnóstico indican el estado en que se encuentra el ordenador, ya sea monitorizando las partes más importantes (memoria RAM, procesador, discos duros, etc.) para comprobar que todo funciona correctamente, así como para alertar de cualquier funcionamiento erróneo en el equipo.

Las herramientas de consulta suelen utilizarse para la solución de problemas, así como para documentar problemas que, aunque no se hayan dado, están ahí latentes y tienen una alta probabilidad de ocurrir. Las más destacadas son los manuales del *software,* los foros de Internet y los FAQ.

Las herramientas de solución de errores suelen analizar las zonas conflictivas y proponen una solución para los posibles errores.

Los usuarios deben estar familiarizados con estas herramientas para poder mantener el equipo en perfectas condiciones para el desarrollo de su trabajo, evitando los posibles problemas que puedan ocasionarse.

La labor del técnico no se queda en analizar y documentar estos problemas, sino que debe ir más allá y ofrecer una solución preventiva, atacándolos desde su raíz en los casos en que sea posible.

Ya sea actualizando el *hardware,* buscando el *software* más adecuado o consultando y utilizando las herramientas disponibles, el equipo debe estar en óptimas condiciones y eso solo puede ocurrir si usuarios y técnicos trabajan conjuntamente.

Ejercicios de repaso y autoevaluación

1. **Defina el concepto de *bug*.**

____
____
____
____

2. **Defina brevemente lo que se conoce como problemas por desgaste.**

____
____

3. **Explique la principal diferencia entre foro o comunidad y FAQ.**

____
____
____
____

4. **Relacione los siguientes conceptos.**

   a. Campo clave.
   b. X86_64.
   c. Base de datos.
   d. Foro.

   __ Solidaridad.
   __ Documentación.
   __ Base de datos.
   __ Arquitectura del microprocesador.

5. **Seleccione la opción correcta de las posibles en las siguientes frases.**

   a. Un FAQ será facilitado por los usuarios/desarrolladores del *software.*
   b. Para identificar la versión de la distribución de Linux que se está usando, se introducirá el comando cat/etc/issue/uname-m.
   c. Los problemas por desgaste/obsolescencia vienen derivados del propio uso del ordenador.
   d. Los SGBD ofrecen la posibilidad de trabajar con una tabla/múltiples tablas.

6. **Enumere los diferentes tipos de relaciones que se pueden dar en una base de datos.**

   ____
   ____

7. **¿Qué uso se le da a las denominadas herramientas de diagnóstico?**

   ____
   ____

8. **Indique si la siguiente afirmación es verdadera o falsa y justifíquelo: Un FAQ es una herramienta realmente útil cuando se encuentran problemas en la instalación de un *software* determinado.**

   ____
   ____
   ____
   ____

9. **Enumere las nociones básicas que ha de tener un usuario de un equipo informático en cuanto a la solución de los problemas frecuentes.**

   ____
   ____
   ____
   ____

10. ¿Qué es la memoria RAM? ¿Cómo se libera?

____

____

11. Complete las siguientes frases.

a. Es altamente recomendable ______ los discos extraíbles ______ de realizar cualquier acción con ellos.
b. Al poner un archivo en cuarentena, se está ______ para evitar que ______ el equipo.
c. El ______ debe conocer el funcionamiento de los foros y FAQ y el ______ debe proporcionarle la documentación necesaria para ello.
d. El uso periódico de un *software* de ______ ______ ______ puede evitar errores graves, así como ______ el funcionamiento del ordenador.

12. Explique brevemente cómo solucionar los problemas por obsolescencia que aparecen en los ordenadores.

____

____

13. ¿Qué aspectos se tienen en cuenta en la monitorización de la memoria RAM? ¿Y en la del disco duro?

____

____

14. Explique la importancia de atajar, en la medida de lo posible, la raíz de los problemas frecuentes.

____

____

15. Justifique la veracidad o no de la siguiente afirmación: Afrontar la compra de un nuevo equipo supone menos coste que actualizar poco a poco un ordenador.

Capítulo 4

Utilizar el conocimiento adquirido con la experiencia

Contenido

1. Introducción
2. Consultar las bases de datos de conocimiento de acuerdo con las normas establecidas en la organización
3. Actualizar las base de datos de conocimiento con nueva información derivada de las actividades de mantenimiento
4. Resumen

1. Introducción

En el mundo laboral, la experiencia es una característica a la que, a menudo, no se le da la importancia que debiese. Un buen trabajador utiliza la experiencia adquirida para realizar sus funciones de la manera más eficiente, minimizando el tiempo empleado en realizarlas o maximizando los resultados de sus acciones.

La constante actualización del mundo informático obliga a las personas dedicadas al mismo a estar en constante aprendizaje. Debido a ello, la experiencia adquirida por el trabajador resulta esencial a la hora de familiarizarse con nuevo *software* para trabajar con él.

Al enfrentarse a averías, la experiencia adquirida es un factor que puede resultar clave. No es extraño encontrarse repetidas veces con el mismo problema en diferentes ordenadores o empresas, por lo que esta experiencia adquirida puede multiplicar la eficiencia del trabajador a la hora de solucionarlo.

Debido a esto, la documentación que exista sobre estos temas es sumamente importante para facilitar la labor a todos los empleados. Para el uso de esta documentación, suele existir un protocolo de actuación sobre las averías, usualmente contemplado en el plan de mantenimiento.

Este protocolo define las normas para atajar una avería, la consulta y elaboración de documentos que a posteriori se utilizarán como apoyo en su solución.

La documentación, tanto en formato digital como en formato físico, debe almacenarse siguiendo unas pautas que faciliten su localización en caso de necesitarla, así como permitir su actualización cuando sea necesario.

2. Consultar las bases de datos de conocimiento acorde con las normas establecidas en la organización

Cada organización debe disponer de su propio protocolo de actuación frente a averías, contemplado en el plan de mantenimiento. En este deben detallarse los pasos a seguir en el supuesto de tener que recurrir a los diferentes soportes de bases de datos que pueden existir, ya sean analógicos o digitales.

Este protocolo es necesario para evitar un uso incorrecto o no autorizado de estas bases de datos de conocimiento, ya que cualquier modificación no deseada podría afectar a la integridad de los datos y dejarla inutilizable o reducir su efectividad debido a la existencia de datos incorrectos o erróneos.

Es conveniente llevar un control de quién accede a estos documentos y cuándo para estar prevenidos en caso de una corrupción en los archivos y poder depurar responsabilidades, ya que el mero hecho de mantener estas bases de datos de conocimiento supone un gasto indirecto, pues hay que emplear tiempo y materiales para su propia existencia. En caso de que pierdan su utilidad, sería necesario crearlas de nuevo, con el gasto añadido que eso supone en tiempo y dinero.

2.1. Permisos sobre las bases de datos

En los SGBD (Sistemas Generales de Bases de Datos) es posible asignar permisos a los diferentes usuarios que tengan acceso. Esto es de mucha utilidad cuando varios usuarios acceden (por separado o a la vez) a la consulta o modificación de una base de datos.

Al utilizar correctamente estos permisos, se puede evitar que usuarios no deseados consulten o modifiquen la base de datos. Dependiendo del sistema de base de datos que se utilice *(MS Access, SQL,* etc.), la lista de permisos es bastante amplia, pero se pueden resumir en dos grandes grupos: permisos de lectura y permisos de escritura.

Permisos de lectura de la base de datos

Otorgarle a un usuario permisos de lectura sobre una base de datos es ofrecerle la posibilidad de que la consulte, pero sin posibilidad de modificarla.

Este tipo de permisos se suelen otorgar a usuarios cuya función sobre la base de datos es meramente consultiva, ya sea por su función laboral en el organigrama empresarial o por su nivel de conocimientos en SGBD.

Al asignarle permisos de solo lectura a un usuario, se evita la modificación de los datos por personal no autorizado o cualificado, lo que repercute positivamente en la integridad de los datos, así como en el mantenimiento de la base de datos.

En las bases de datos relacionales, cualquier cambio en un campo clave puede desencadenar una actualización en cadena de las diferentes tablas. Lo que en principio es una ventaja para la actualización de los datos, puede ser un terrible inconveniente si los datos que se actualizan son incorrectos.

Recuerde

El control de acceso a los documentos puede evitar errores de inconsistencia en los datos y permite depurar responsabilidades en caso de producirse.

Permisos de escritura de la base de datos

Los permisos de escritura de la base de datos permiten al usuario que los tenga modificar los datos y la estructura de la base de datos.

La modificación de la estructura general de la base de datos no es recomendable una vez que se han introducido datos, ya que puede provocar pérdidas de estos o errores en las búsquedas que se realicen. Por ello, es correcto plantear la base de datos firmemente desde su inicio y no introducir los datos definitivos hasta que esté terminada y sea respetuosa con la integridad de los datos.

En cambio, la modificación de los datos es imprescindible si se quiere tener una base de datos actualizada. Es recomendable que no muchos usuarios tengan permisos de escritura en el SGBD, dependiendo del tamaño, ya que cuantas más personas modifiquen datos, es más probable la aparición de incongruencias en los datos. Es preferible que accedan unos pocos usuarios expertos que conozcan bien el sistema y la estructura de la base de datos.

2.2. Roles de nivel en las bases de datos

Para facilitar la administración de los permisos de la base de datos, se utilizan los denominados roles, que no son más que categorías en las que se agrupan los diferentes usuarios, cada uno con sus permisos específicos.

Existen los denominados roles fijos, que cuentan con sus propias características y vienen definidos por el sistema en que se implemente la base de datos, y los roles flexibles, que son creados por el administrador de la base de datos en función a sus necesidades.

Para comprender mejor este sistema de roles, se utilizará de ejemplo el sistema implementado en *SQL Server 2022*, un completo sistema de base de datos de nivel profesional.

Roles fijos de la base de datos (SQL Server 2022)

En este sistema se utilizan 9 roles fijos, cada uno con sus propias características. En detalle, estos roles son:

- **Db_owner (propietario):** este rol permite a sus miembros pleno control sobre la base de datos. Pueden ejecutar todas las opciones de configuración y mantenimiento sobre esta, así como eliminarla si lo considerasen necesario.
- **Db_securityadmin (administrador de seguridad):** el rol de administrador de seguridad permite otorgar y revocar permisos al resto de usuarios, así como asignar su pertenencia a los diferentes roles.
- **Db_accessadmin (administrador de acceso):** el administrador de acceso puede conceder o denegar el acceso a la base de datos a cualquiera de los usuarios.
- **Db_backupoperator (operador de copia de seguridad):** al pertenecer a este tipo de rol fijo, el usuario puede crear copias de seguridad de la base de datos.
- **Db_ddladmin (administrador DDL):** estos miembros pueden ejecutar comandos de lenguaje de definición de datos (DDL por sus siglas en inglés) en la base de datos. El DDL es el lenguaje mediante el cual se

llevan a cabo las definiciones de estructuras del SGBD (crear tablas, modificarlas, etc.).

- **Db_datawriter (escritor):** los miembros del rol db_datawriter pueden agregar, modificar o borrar datos de las tablas de la base de datos.
- **Db_datareader (lector):** estos miembros pueden tener acceso a la lectura de las tablas de la base de datos.
- **Db_denydatawriter (denegar escritura):** los miembros de este rol no pueden agregar, modificar o borrar datos de las tablas de la base de datos.
- **Db_denydatareader (denegar lectura):** estos miembros no pueden leer los datos de las tablas de la base de datos.

Cabe destacar que un usuario puede pertenecer a varios roles, heredando todos los permisos de cada uno de sus roles. Por ejemplo, si fuese db_datareader y db_datawriter, el usuario podría leer y escribir en todas las tablas de la base de datos.

Recuerde

Los roles no son más que categorías que agrupan diferentes permisos sobre la base de datos al usuario perteneciente a ese rol.

Aplicación práctica

Indique qué roles asignaría y por qué a un usuario de una base de datos que pudiese crear copias de seguridad, leer datos y no modificarlos.

SOLUCIÓN

A ese usuario se le asignaría el rol de db_backupoperator para poder realizar las copias de seguridad, db_reader para poder leer los datos y db_denywriter para evitar que pueda modificar los datos de las tablas.

Roles flexibles de la base de datos (SQL Server 2022)

Los denominados roles flexibles son roles que el administrador de la base de datos crea a medida de las necesidades de la propia base de datos. A diferencia de los roles fijos, estos no están estandarizados, por lo que solo se mencionarán para conocer su existencia.

Los roles flexibles se crearán utilizando los diferentes tipos de permisos de los que se dispone en la base de datos, así como también se puede partir de la base de los roles fijos e ir modificándolos a deseo del administrador de la base de datos.

A la hora de crear roles flexibles en la base de datos, se debe tener en cuenta que estos no se solapen con los roles fijos existentes, es decir, no crear un rol flexible con los mismos permisos y privilegios que uno fijo ya existente.

Importante

La administración de los roles, tanto fijos como flexibles, corre a cargo del administrador de la base de datos o superusuario de esta.

2.3. Consulta de los datos en la base de datos

Cada tipo de base de datos tiene su propio lenguaje de consultas. Por ejemplo, en las bases de datos de *MS Access* se podrán realizar consultas con un simple clic mediante la interfaz gráfica, mientras que en otros lenguajes se deberán introducir comandos de texto con unas instrucciones específicas para cada tipo de consulta a realizar. Este manual centrará su atención en el sistema más estandarizado, *MS Access,* cuyas especificaciones no distan mucho de su equivalente en *software* libre, *LibreOffice Base de datos.*

Creación de consultas en MS Access

Si la base de datos a la que se quiere acceder es una base de datos de *Microsoft Access,* las consultas se realizarán mediante la interfaz gráfica del mismo programa.

Las consultas pueden realizar multitud de funciones, aunque la más común es la de recuperar datos de diferentes tablas para mostrarlos en un solo vistazo en una hoja de datos. Se pueden dividir en dos grandes grupos: consultas de selección y consultas de acción.

Las consultas de selección simplemente filtran los datos de las tablas según los criterios especificados por el creador de la consulta y los organizan para mostrarlos en pantalla o trasladarlos a un informe.

Las consultas de acción permiten manipular los datos de la base de datos, ya sea actualizando, añadiendo o eliminando registros en las diferentes tablas que componen la base de datos.

Por el momento, se tratarán las consultas de selección.

Creación de consultas mediante el asistente

Microsoft Access cuenta con un asistente de creación de consultas que facilitará la creación de estas para los usuarios no expertos. Para crear una consulta utilizando el asistente, se han de seguir unos determinados pasos que se procede a detallar.

Al hacer clic en el **Asistente para consultas** (pestaña **Crear** en *Microsoft Access),* se abrirá una ventana con diversas opciones.

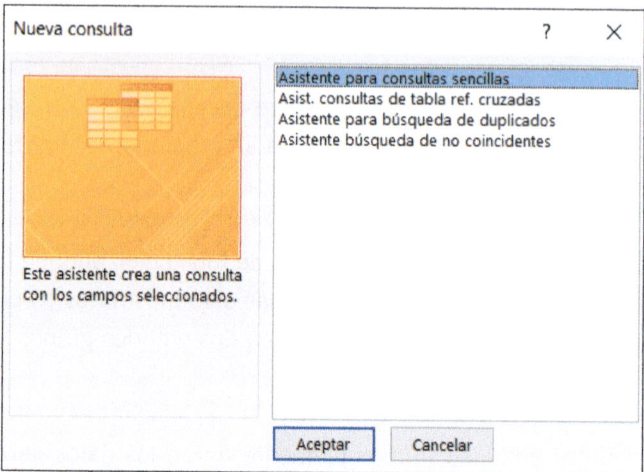

Primera ventana del Asistente para consultas

Al ser una consulta de selección de datos, se trata de una consulta sencilla, por lo cual se seleccionará la primera opción de las que aparecen: **Asistente para consultas sencillas.**

La siguiente ventana es el selector de campos de la consulta. Las tablas de la base de datos están compuestas por campos. Cada campo contiene un número de registros indeterminado, dependiendo del volumen de datos de la base de datos. Por ejemplo, si se selecciona el campo "Cliente" de la tabla "Clientes" de la base de datos, se mostrará en la consulta el nombre de cada cliente que se haya introducido en la base de datos.

El número máximo de campos seleccionables para una consulta es inexistente, pero se ha de tener en cuenta que una consulta optimizada muestra los datos necesarios en un solo vistazo, así que, cuantos menos campos inútiles se visualicen, mejor.

Para la realización de una consulta, se suelen tomar campos de diferentes tablas, con lo cual es conveniente revisar el listado de campos seleccionados antes de continuar con el siguiente paso, ya que, si se finaliza la consulta y falta algún campo clave, se deberá empezar de nuevo con el asistente.

La siguiente pantalla que aparece ofrece la posibilidad de mostrar la consulta en modo detalle o en modo resumen. El modo detalle muestra cada campo de cada registro, mientras que el modo resumen ofrece la posibilidad de mostrar una consulta resumida y con la realización de operaciones matemáticas de los campos numéricos. Si se clica en el botón **Opciones de resumen,** se mostrarán los campos numéricos que existan en los campos seleccionados y dará la posibilidad de elegir si se quiere mostrar una suma, el valor promedio, el valor máximo o el valor mínimo de los valores que existan en ese campo. Es posible seleccionarlos todos.

Posteriormente, se muestra otra ventana que pregunta cómo se desean agrupar las fechas en la base de datos (en el caso de que existan campos que contengan fechas). La selección de esto dependerá de la finalidad de la consulta, ya que se pueden agrupar por períodos que van desde fecha y hora únicas para cada registro a agruparlos anualmente.

Finalmente, la última ventana que se muestra es la del nombre de la consulta. Una vez que se haya introducido el nombre correspondiente, al hacer clic en finalizar se podrá visualizar directamente la consulta para comprobar que se ha realizado correctamente y que contiene los datos y campos necesarios.

Creación de consultas mediante diseño

La creación de consultas mediante diseño es la forma en la que más se puede detallar la consulta, ya que ofrece la posibilidad de establecer unos valores fijos para lo que se necesita mostrar, así como la posibilidad de realizar consultas dinámicas. Esto quiere decir que, mediante la introducción por teclado del parámetro deseado, se buscarán coincidencias en los campos de la base de datos y se mostrarán solo esos datos coincidentes.

Para realizar la consulta mediante diseño, se ha de hacer clic en el icono de **Diseño de consultas** en la pestaña **Crear** (en *Microsoft Access).*

Una vez hecho esto, se abrirá la ventana de diseño de consultas. En primer lugar, se han de seleccionar las tablas o consultas a las que se necesitará acceder en la consulta que se está creando. Una vez seleccionadas, aparecerán en la parte superior de la pantalla de diseño de consultas con sus respectivas relaciones entre tablas y de ahí se seleccionarán los campos de cada tabla o consulta que aparecerán en la nueva consulta.

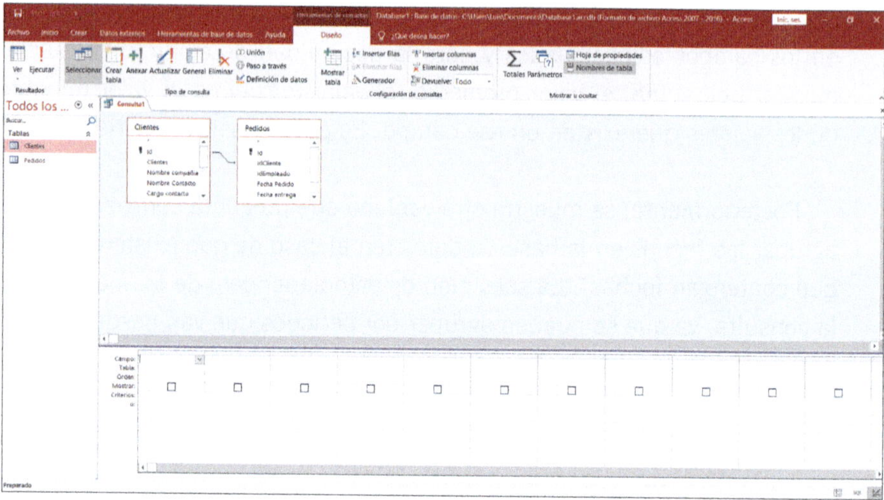

Pantalla general de diseño de consultas

Una vez que se muestre esta pantalla con las tablas y consultas seleccionadas, se seleccionarán los campos deseados, bien arrastrando el campo al panel inferior o bien haciendo doble clic sobre él en la estructura de tablas.

Lo realmente importante del diseño de consultas es el panel inferior, en el que se establecerán los criterios de aparición por los que se regirá la consulta.

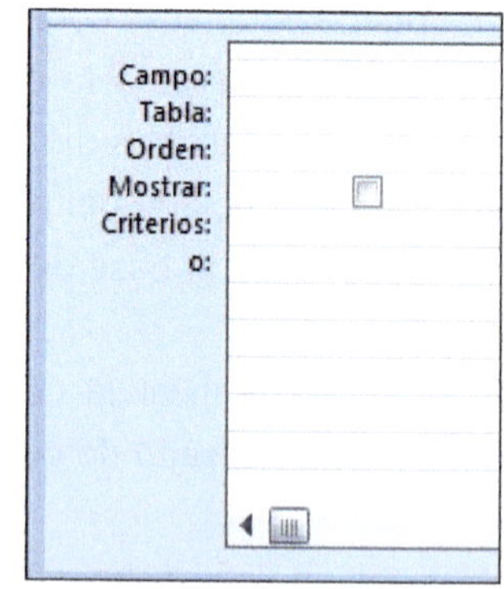

Panel inferior de diseño de consultas

En este panel inferior, se aprecian diferentes celdas.

La primera de ellas, con la inscripción **Campo,** indica el campo seleccionado. En ella aparecerá el nombre del campo que aparecerá en la consulta.

La siguiente, con la inscripción **Tabla,** indica la tabla a la que pertenece el campo seleccionado.

La celda con la inscripción **Orden** permitirá seleccionar el criterio de ordenación de los registros de ese campo en la consulta. Es un desplegable que permite mostrar los resultados ordenados ascendente o descendentemente. Si se deja en blanco, los registros aparecerán en el orden en el que estén en la tabla madre, es decir, sin ningún tipo de ordenación especial.

La cuarta celda, con la inscripción **Mostrar,** permite elegir si los registros de ese campo se mostrarán en la consulta o si por el contrario permanecerán ocultos. Es bastante útil si, por ejemplo, se quieren ordenar los registros de acuerdo a este campo, pero resulta de nula utilidad en la visualización de la consulta. En caso de estar marcado, los registros de ese campo se mostrarán en la consulta.

A continuación, se muestran varias celdas, la primera de ellas con la inscripción **Criterios,** la siguiente con la inscripción **O** y las demás en blanco. Estas celdas son las más importantes a la hora de realizar la consulta, ya que permiten establecer los criterios por los que se rige.

Importante

Un buen diseño de base antes de implementar una consulta maximiza su utilidad y eficacia. Téngase siempre en cuenta el objetivo de la consulta cuando se esté en la fase de planificación de esta.

Criterios de consulta

Los criterios de consulta son las preguntas que realiza la consulta a la base de datos para filtrar los resultados y mostrar en pantalla los datos deseados. Estos criterios de consulta hay que definirlos en la realización de esta, con lo que el objetivo de la consulta debe estar bien definido al llegar a este punto del desarrollo.

El concepto más importante que hay que entender es que el criterio definido afecta sola y únicamente al campo al que se está refiriendo, al especificado en la celda superior de la rejilla del panel inferior de diseño de consultas.

El nivel de anidamiento de los distintos criterios indica cuáles de ellos se han de cumplir a la vez o no. Es decir, si en la celda **Criterio** se introducen dos criterios en dos campos distintos, esas dos condiciones se han de cumplir simultáneamente para filtrar los datos. Si, por el contrario, un criterio está en **Criterio** y otro en el nivel de anidamiento **O,** con que uno de los dos criterios se cumpla se mostrarán los datos en la consulta.

El tratamiento de los criterios variará dependiendo del tipo de datos que albergue ese campo. Los tipos de datos que se pueden encontrar en los campos son: texto, número, fecha/hora, moneda y sí/no. Existen más tipos de campo (memo, autonumérico, etc.), pero se pueden englobar en los citados anteriormente.

Para tratar los campos de tipo texto, en **Criterios** se ha de escribir la cadena de caracteres que se quiere recuperar en la consulta. Por ejemplo, si se está realizando una consulta de todos los empleados de la empresa que trabajan en el departamento de contabilidad, basta con poner como criterio en el campo **Departamento** la cadena de caracteres **Contabilidad.** Esto filtrará los campos que no sean del departamento elegido y los dejará fuera de la consulta. Si se desea realizar una consulta dinámica en la que el usuario introduzca el criterio de filtrado, se ha de escribir esto en la celda de criterios: **[Motivo],** siendo motivo el texto que aparecerá para indicar al usuario qué texto debe introducir en el cuadro de diálogo.

Por ejemplo, si se escribe **[Introduzca el nombre del departamento]** aparecerá el siguiente cuadro de diálogo al ejecutar la consulta.

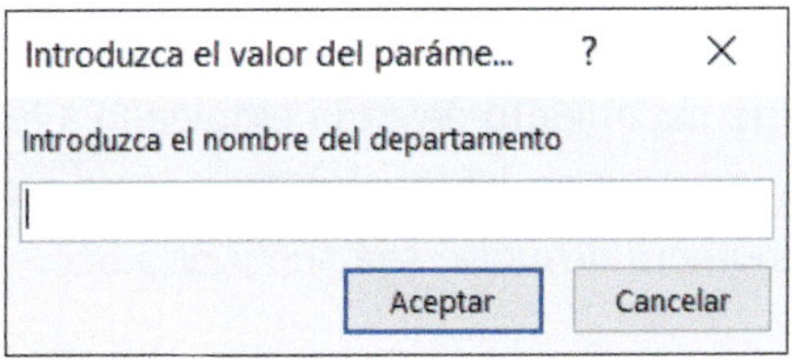

Introduzca el valor del paráme... ? X
Introduzca el nombre del departamento
Aceptar Cancelar

Ejemplo de cuadro de diálogo en consulta dinámica

En ese momento, el usuario debe teclear exactamente el nombre del departamento por el que se filtrará la consulta. Cabe destacar que, si comete alguna errata al introducir el texto, la consulta no mostrará los datos correctamente.

El tratamiento de los campos de tipo numérico no dista mucho del visto en los campos de tipo texto. Al igual que en los anteriores, si en **Criterio** se escribe un número exacto, la consulta devolverá los datos que coinciden con ese mismo número. De igual forma, se utilizará la forma **[Motivo]** para realizar una consulta dinámica que demande la introducción de un número para el filtrado de datos de la consulta.

Al ser campos numéricos, los operadores aritméticos son de mucha utilidad. Por ejemplo, si se quiere consultar el listado de productos cuyo *stock* esté por debajo de 50 unidades, bastaría con introducir como criterio en el campo **Stock** de la base de datos **<50.**

Los campos de tipo fecha/hora poseen unas características peculiares, que podrán explotarse siguiendo unos criterios especiales. Por ejemplo, se puede calcular la edad de una persona utilizando únicamente el campo correspondiente a su fecha de nacimiento en la base de datos. Esto sería posible gracias a la fecha de sistema del ordenador. Por ejemplo, si se quiere consultar el número de empleados cuya edad a día de hoy supera los 35 años, el criterio a introducir en el campo **Fecha de nacimiento** sería: **Fecha() – [Fecha de nacimiento] > 35.**

El parámetro **Fecha()** se refiere a la fecha actual y **Fecha de nacimiento** se refiere al nombre exacto del campo de la base de datos correspondiente a la fecha de nacimiento del empleado. De esta fórmula se puede interpretar que lo único que el *software* está haciendo es restar la fecha de nacimiento de cada empleado a la fecha actual, y devuelve aquellos registros en los cuales se cumpla que, al restar estas dos fechas, el número devuelvo sea superior a 35.

Como se puede apreciar, con los campos fecha, al igual que con los numéricos, también se pueden realizar operaciones aritméticas para conseguir los resultados deseados en la consulta. También pueden utilizarse en consultas dinámicas, prestando especial atención al formato de la fecha introducida, ya que estas solo devuelven los datos que coincidan exactamente con lo introducido mediante el teclado.

Los campos **Moneda** funcionan de forma muy parecida a los numéricos, permitiendo operaciones matemáticas en sus criterios, así como consultas dinámicas.

Los campos **Sí/No** son campos que solo permiten estos dos valores, usualmente mostrados por un *checkbox,* que en el caso de ser **Sí** está activado y al ser **No** se muestra desactivado. Solo ha de escribirse **Activado** o **Desactivado** en alguno de los criterios para filtrar este tipo de campos.

Nota

Si en lugar de Activado o Desactivado, se introduce On u Off como valor en criterio de un campo Sí/No, el *software* lo cambiará a Activado o Desactivado automáticamente.

Actividades

1. Explique con sus propias palabras los conceptos de permisos y roles de una base de datos.
2. Enumere y defina los principales tipos de campos que pueden encontrarse en una base de datos.
3. Usted necesita consultar en una base de datos el número de empleados que existen cuya edad sea mayor de 50 años y que lleven menos de 10 años en la empresa. Use sus propias palabras para elaborar el criterio o criterios que introduciría para extraer estos datos.

Creación de consultas en LibreOffice Base de Datos

LibreOffice Base de datos es un sistema gestor de base de datos. Es un sistema gratuito y con muchas similitudes con *Microsoft Access,* pero también cuenta con sus particularidades a la hora de crear consultas. Al igual que *MS Access,* ofrece la posibilidad de crear consultas utilizando un asistente o la llamada **Vista Diseño,** aunque añade la posibilidad de crear consultas utilizando sentencias SQL.

Creación de consultas utilizando el asistente

El asistente de creación de consultas de *LibreOffice Base de datos* no dista mucho del de *MS Office.* Aun así, es conveniente familiarizarse con él.

Para abrir el asistente de consultas, ha de hacerse clic en el icono **Consultas** del panel izquierdo de la base de datos. Aparecerán dos pantallas a la derecha de este que indicarán las consultas ya diseñadas en la parte inferior y en la superior las tareas que se pueden ejecutar. Al hacer clic en **Usar el asistente para crear una consulta...,** aparecerá una nueva ventana con los pasos a seguir.

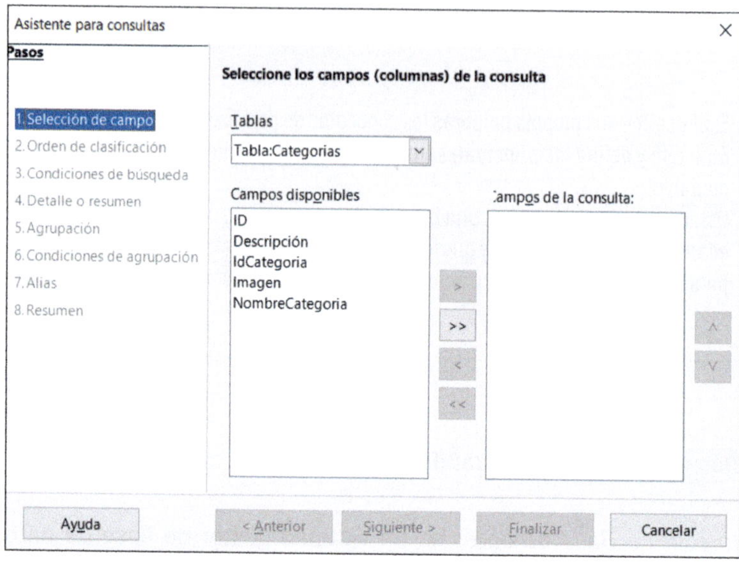

Pantalla principal del asistente de consultas de LibreOffice Base de datos

Como se puede apreciar en la imagen, a la izquierda de la pantalla del asistente de creación de consultas aparecen los pasos que este seguirá.

El primer paso es la selección de campos. Una vez se seleccionen los campos deseados de cada tabla, se hará clic en **Siguiente** y se pasará al orden de clasificación.

El paso dos, **Orden de clasificación,** ofrece la posibilidad de ordenar los resultados de la consulta siguiendo el patrón que se establezca. Se pueden establecer varios tipos de orden, utilizando diferentes campos. Así, si existieran coincidencias del primer criterio de ordenación, automáticamente utilizaría el segundo para decidir cuál sería el siguiente registro mostrado en la consulta.

El tercer paso, **Condiciones de búsqueda,** es el equivalente a los criterios en la vista **Diseño** de *MS Office*. En él se establecen las condiciones para el filtrado de los campos que devolverá la consulta con un sencillo asistente basado en casillas desplegables.

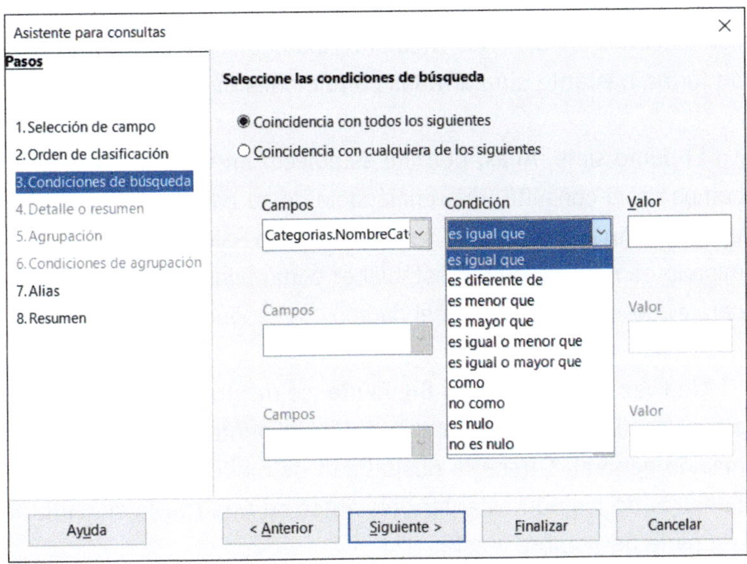

Pantalla de condiciones de búsqueda del asistente de creación de consultas de LibreOffice Base de datos

Como se observa en la imagen, se pueden establecer hasta 3 criterios de selección basados en los campos seleccionados para aparecer en la consulta.

El cuarto paso, **Detalle o resumen,** ofrece la posibilidad de mostrar la consulta en su totalidad (detalle) o el resumen, que solo muestra los resultados que se indiquen en esta ventana. Estos se pueden seleccionar mediante un desplegable que da las posibilidades de mostrar la suma, el promedio, el mínimo o el máximo de los campos que se indiquen en el desplegable anexo. Se pueden añadir tantos campos resumen como se necesiten.

El siguiente punto, número cinco, **Agrupación,** solo será aplicable si se ha decidido hacer una consulta resumida, ya que sirve para establecer el campo por el cual se agruparán los resultados de la consulta. Basta con seleccionarlo en su columna correspondiente y hacer clic en siguiente.

El punto seis, **Condiciones de agrupación,** al igual que el cinco, solo se mostrará al hacer una consulta resumida y una vez que se haya seleccionado el campo por el cual se va a agrupar la consulta. En este se establecerán los criterios mediante los cuales se agruparán los campos, de forma bastante similar a las condiciones de búsqueda (punto tres).

El punto siete, **Alias,** permite establecer un nombre concreto para cada campo de la consulta, diferenciándolo de su campo correspondiente en la tabla principal. Así, si solo se muestran los valores máximos de un determinado campo, se puede establecer como alias **Valor máximo de campo,** para evitar confusiones con el campo correspondiente en la tabla principal.

Una vez se haga clic en **Siguiente,** se mostrará el resumen de las elecciones realizadas para la consulta en el punto ocho, denominado **Información general.** Ofrece la posibilidad de modificar cualquiera de los parámetros de los puntos anteriores antes de finalizar la consulta, así como asignarle un nombre a esta.

Una vez revisado todo, solo habrá que clicar en **Finalizar** para observar la consulta y guardarla.

Aplicación práctica

En la empresa en la que usted trabaja, le encargan la creación de una consulta utilizando *LibreOffice Base* de datos en la que se devuelva un listado de clientes y el dinero total que se han gastado en la empresa efectuando compras. Para ello, cuenta con las tablas "Clientes" (campos: Id_Cliente, Nombre, Apellidos, Dirección, Teléfono) y "Ventas" (campos: Id_venta, Id_Cliente, Fecha, Importe).

SOLUCIÓN

Para realizar esta consulta, se utilizará el asistente, ya que es una consulta simple de selección y es la manera más práctica de hacerlo.

En primer lugar, se seleccionarán los campos necesarios de las tablas, en este caso Nombre y Apellidos de la tabla "Clientes" e Importe de la tabla "Ventas".

En el punto 2, se ordenarán los registros teniendo como criterio el orden alfabético de los apellidos, es decir, se seleccionará el campo Apellidos y se establecerá como criterio de ordenación ascendente.

Continúa en página siguiente >>

<< Viene de página anterior

Los criterios de búsqueda no serán necesarios, ya que se quiere ver un listado de todos los clientes y todas sus compras.

Sin embargo, en el punto 4, se seleccionará consulta resumida y obtener la suma del campo Importe.

Solo quedaría asignarle un alias "Total" al campo suma y la consulta estaría terminada.

Creación de consultas utilizando el método vista diseño

El sistema de creación de consultas en vista diseño de *LibreOffice Base de datos* es prácticamente igual al de *Microsoft Access,* tanto en su apariencia visual como en su funcionamiento.

Por una parte, se puede encontrar el panel de distribución de tablas en la parte superior de la pantalla, con los campos y las relaciones entre tablas presentes en el esquema. Al hacer doble clic o arrastrar los campos a la parte inferior, estos serán incluidos en la consulta.

En cuanto al panel inferior de la pantalla, tampoco se aprecian demasiadas variaciones respecto a *MS Access.* Nuevamente aparecen las diferentes celdas correspondientes a los campos añadidos a la consulta.

En este punto, existen pocas diferencias entre ambos sistemas.

Una de ellas es que en *LibreOffice Base de datos* aparece una celda con el texto **Alias.** Esto no es más que el nombre que se le dará al campo en la consulta una vez que muestre los resultados. Si este se queda en blanco, tomará el nombre del campo de la tabla principal de la que se extrae.

Por otra parte, se encuentra también la celda ***Función,*** que permite realizar operaciones sobre los resultados.

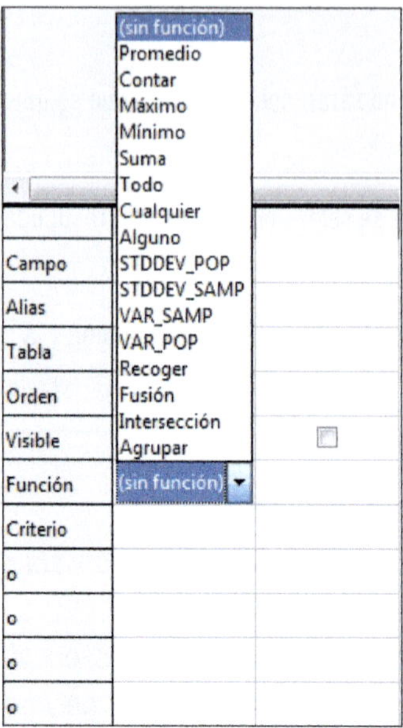

Detalle del desplegable de la celda Función

Estas funciones representan unas casuísticas muy particulares en cuanto a su aplicación en las consultas, con lo que es recomendable consultar la propia ayuda de *LibreOffice Base de datos* para aplicar correctamente cada función sin caer en errores que impidan la realización de la consulta.

Creación de consultas utilizando lenguaje SQL

Para realizar consultas utilizando lenguaje SQL, se ha de hacer clic en la tercera opción que aparece en el panel superior de la pantalla de consultas.

El lenguaje SQL es un lenguaje de programación de bases de datos en el que todo se realiza mediante la introducción de comandos de texto.

Las principales acciones a realizar son seleccionar, insertar, actualizar y eliminar. Cada una tiene una declaración:

- SELECT: se utiliza para recuperar datos de una o varias tablas. Por ejemplo:

  ```
  SELECT nombre, nota from alumnos where nota >= 5;
  ```

  Mediante esta consulta obtenemos el nombre y la nota del alumnado, cuya nota haya sido superior a 5.
- UPDATE: se usa para modificar datos de una tabla. Por ejemplo:

  ```
  UPDATE alumnos set aprobado = false where nota
  < 5;
  ```

  Con esta consulta actualizaremos la columna aprobado a false a todos aquel alumnado cuya columna nota sea menor que 5.
- DELETE: se utiliza para eliminar registros de una tabla. Por ejemplo:

  ```
  DELETE from alumnos where nombre = 'Manuel
  García';
  ```

  Con esta consulta eliminamos de la tabla alumnos al alumnado cuyo nombre es Manuel García.
- INSERT: se usa para agregar nuevos datos a la tabla. Por ejemplo:

  ```
  INSERT INTO alumnos (nombre, nota) VALUES
  (Alonso, 7.6);
  ```

  Mediante esta consulta insertamos en la tabla alumnos el registro con nombre Alonso y nota 7.6.

Al hacer clic en el icono correspondiente, se abrirá una pantalla completamente en blanco en la que solo permitirá la introducción de texto. Este método es recomendable que lo utilicen únicamente los expertos en lenguaje SQL, ya que cualquier usuario medio no dispone del conocimiento necesario de las sentencias que deben utilizarse para obtener los resultados requeridos.

Nota

Si se clica con el botón derecho del ratón sobre una consulta ya guardada, se puede editar utilizando el lenguaje SQL. Al abrirla utilizando esta opción, se mostrarán todas las sentencias utilizadas en este lenguaje para la elaboración de la consulta. En el lenguaje SQL todas las sentencias deben terminar con ";"

Aplicación práctica

En una compañía de seguros de automóviles, se quiere realizar una consulta de aquellos clientes que no hayan tenido incidencias a partir del año 2021 y cuya renovación de la póliza de seguro tenga lugar durante el segundo semestre del año 2024. Para ello, se cuenta con las siguientes tablas y sus correspondientes campos:

- **Clientes: Id_cliente, Nombre, Apellidos, Teléfono, Dirección, Fecha_Alta, Fecha_Vencimiento, Tipo_poliza.**
- **Incidencias: Id_incidencia, Id_cliente, Fecha, Tipo_incidencia.**

Realice la consulta en *LibreOffice Base de datos* sabiendo que el motivo de esta consulta es contactar con el cliente para ofrecerle una oferta por la renovación de su seguro.

SOLUCIÓN

Como se conoce perfectamente la finalidad de la consulta, lo primero sería seleccionar los campos que deberán aparecer. En este caso, serían Nombre, Apellidos, Teléfono, Fecha_vencimiento de la tabla "Clientes" y Fecha de la tabla "Incidencias".

Una vez seleccionados los campos, se establecerán los criterios, que, como han de cumplirse ambos, se escribirán en la misma fila de criterios. En el caso de Fecha_Vencimiento, el criterio sería "ENTRE #01/06/2024# Y #31/12/2024#" para mostrar solamente aquellas pólizas que cumplan durante el segundo semestre de 2024. En el caso de Fecha de "Incidencias", deberá ser "<#01/01/2021#" para que muestre solo aquellas pólizas que no hayan tenido incidencias a partir del año 2021.

3. Actualizar las base de datos de conocimiento con nueva información derivada de las actividades de mantenimiento

La base de datos de conocimiento debe estar permanentemente en estado de actualización, para poder hacer frente a las incidencias que vayan apareciendo con toda la información posible. La actualización de la base de datos deberá ser llevada a cabo por personas muy concretas, ya que cualquier acceso indebido a los datos puede suponer una corrupción en la base de datos que la convierta en una herramienta totalmente inútil e incluso contraproducente.

Para actualizar correctamente la base de datos, es recomendable el uso de consultas de actualización, que son consultas sobre la base de datos que permiten actualizar sus tablas principales. Este método de actualización de los datos es el más recomendable, ya que, al consultar exactamente los datos que se desean actualizar, se impide la modificación de otros datos por erratas o equivocaciones.

3.1. Crear consultas de actualización en MS Access

En primer lugar, se debe crear la consulta de selección correspondiente a los datos que se quieren actualizar. La consulta de selección se puede crear utilizando el asistente de consultas o el método **Vista diseño,** a elección del usuario. Una vez que esta consulta esté creada y comprobada, se procederá a convertirla en una consulta de actualización.

Para esto, se debe abrir la consulta en la forma **Vista diseño** y posteriormente, en el panel superior de herramientas de consultas, se ha de hacer clic en el icono **Actualizar.**

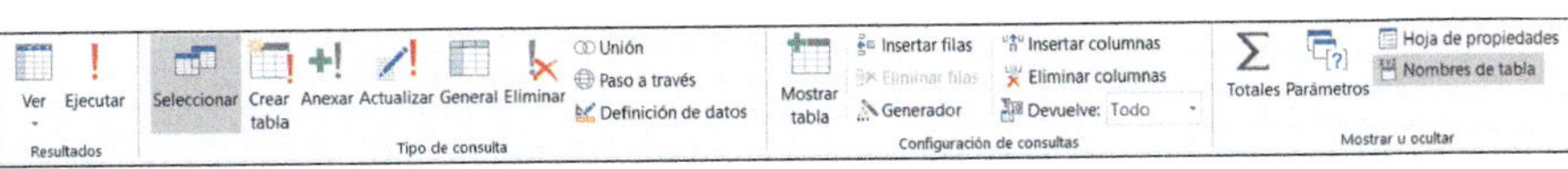

Panel de herramientas de consulta

Al hacer clic en este botón, se puede observar que se producen ligeros cambios en el panel inferior del diseño de la consulta. Las celdas de **Orden** y **Mostrar** desaparecen para dejar paso a **Actualizar a.**

Esta celda **Actualizar a** es la que contendrá el valor que se modificará en la base de datos una vez se ejecute la consulta. Es decir, si se quiere cambiar, por ejemplo, el nombre de un departamento en la tabla "Departamentos", se realizará una consulta de selección que muestre ese departamento concreto y, una vez se compruebe que la consulta devuelve el valor necesario, en la celda **Actualizar a** introducir el nuevo valor que tomará en la base de datos.

Una vez hecho esto, basta con guardar la consulta y ejecutarla para que surtan efecto los cambios en la base de datos.

3.2. Crear consultas de actualización en LibreOffice Base de datos

La creación de consultas de actualización en *LibreOffice Base de datos* sí supone un cambio con respecto a *MS Access.* A diferencia de este último, *Base* no cuenta con ningún procedimiento para transformar una consulta de selección en una consulta de actualización sin recurrir al lenguaje SQL. Dada esta particularidad, se pueden dar dos posibles formas de actualizar la base de datos: creando una consulta de selección y modificándola usando lenguaje SQL o bien modificando directamente las tablas de la base de datos.

En cualquiera de los dos supuestos, es recomendable crear una copia de seguridad de la base de datos para prevenir funcionamientos no deseados derivados de la manipulación de esta.

Actividades

4. Explique con sus propias palabras las diferencias entre una consulta de selección y una consulta de actualización.
5. Enumere los diferentes métodos de creación de consultas tanto en *MS Access* como en *LibreOffice Base de datos.*

4. Resumen

El conocimiento adquirido mediante la experiencia puede resultar un factor determinante a la hora de mantener un equipo actualizado y funcional durante un periodo más largo de tiempo, empleando menos recursos tanto económicos como personales. Para administrar bien estos conocimientos, se crea la base de datos de conocimientos, para facilitar el acceso a los datos y agilizar cualquier reparación de incidencias.

El acceso a estas bases de datos se efectúa en diferentes sistemas gestores de bases de datos, cada uno con sus características propias, pero todos con un fin común: mantener la integridad de los datos y facilitar el acceso a estos.

Para tener acceso a estos datos, el administrador de la base de datos hace uso de diversas herramientas para restringir o permitir el acceso a los datos a determinados usuarios. Un ejemplo de estas herramientas son los permisos y los roles.

Los permisos son las autorizaciones virtuales que tienen los usuarios para acceder, modificar o eliminar los datos de la base de datos.

Los roles son agrupaciones de permisos que autorizan a un usuario a determinadas funciones dentro de la base de datos, tales como realizar copias de seguridad, acceder a los datos, modificarlos o administrar la base de datos.

Por otro lado, las consultas son una herramienta fundamental para el usuario, a la hora de acceder a los datos para su visualización o modificación. Para ello, existen dos tipos de consultas: consultas de selección y consultas de actualización.

Las consultas de selección permiten el acceso a los datos de la base de datos, previamente filtrados en el diseño de la consulta, para no mostrar datos que sean innecesarios para el usuario que los consulta.

Para crear consultas de selección, tanto en *MS Access* como en *LibreOffice Base de datos* se cuenta con diversos métodos. En *MS Access* se pueden realizar consultas utilizando un asistente o mediante el método **Vista diseño,** el cual no cuenta con asistencia y es preciso un mayor conocimiento del sistema de bases de datos. En *LibreOffice Base de datos,* se cuenta con estos dos métodos, así como con la posibilidad de utilizar el lenguaje SQL para la creación de consultas.

En cuanto a las consultas de actualización, son básicamente consultas de selección a las que posteriormente se les añade la función de actualizar los datos de las tablas. En *MS Access* se accede a este método desde la **Vista diseño,** pero en *LibreOffice Base de datos* hay que utilizar el lenguaje SQL para realizar las consultas de actualización de datos.

En el lenguaje SQL, las principales acciones a realizar son SELECT para la obtención de datos, UPDATE, para actualizar registros, DELETE, para la eliminación e INSERT, para la inserción de nuevos datos.

Ejercicios de repaso y autoevaluación

1. **Defina qué son los permisos en la base de datos y los dos grandes grupos en los que se pueden englobar.**

   ____

   ____

2. **¿Quién es el encargado de definir los roles de la base de datos? ¿Y los permisos?**

   ____

   ____

3. **¿Sería correcto crear un rol flexible con permisos de administrador de base de datos?**

   ____

   ____

4. **Complete las siguientes frases con las palabras adecuadas para cada caso:**

   a. El permiso de tipo ___________ sirve para denegar el acceso a datos en *SQL Server 2022.*
   b. Los permisos de ___________ en la base de datos pueden provocar ___________ si se les otorgan a los usuarios equivocados.
   c. Cuando se crea un rol ___________ en la base de datos, se deben tener en cuenta los ___________ que se le otorgarán.

5. **De las siguientes afirmaciones, diga cuál es verdadera o falsa.**

   a. Un usuario solo puede pertenecer a un rol determinado en la base de datos.

      ☐ Verdadero
      ☐ Falso

b. Las consultas en una base de datos solo sirven para acceder a la lectura de los datos.

- ☐ Verdadero
- ☐ Falso

c. Solo se pueden crear consultas que se refieran a una única tabla en *MS Access.*

- ☐ Verdadero
- ☐ Falso

d. En el panel superior del diseño de consultas en modo Vista diseño, aparecen tanto las tablas seleccionadas como las relaciones entre ellas.

- ☐ Verdadero
- ☐ Falso

6. Nombre y explique brevemente los componentes del panel inferior de diseño de consultas de *MS Access.*

____
____
____
____
____
____
____

7. ¿Qué son los criterios de consulta?

____
____

8. Explique qué pasos se han de seguir para que, al ejecutar una consulta, muestre una ventana emergente con el texto "Introduzca el valor deseado".

9. ¿Qué diferencia hay entre una consulta estática y una dinámica?

10. Nombre y defina con brevedad los métodos que se pueden utilizar para crear una consulta en *LibreOffice Base.*

11. Explique con sus propias palabras la necesidad de mantener la base de datos de conocimiento actualizada.

12. ¿Cuál es el método más recomendable para mantener actualizada la base de datos? ¿Por qué?

13. Nombre los pasos para transformar una consulta de selección en una de actualización utilizando *MS Access*.

14. Indique cómo transformar una consulta de selección en una de actualización utilizando *LibreOffice Base*.

15. Imagine que tienes una base de datos llamada "tienda", con una tabla llamada "clientes". Esta tabla contiene las siguientes columnas:

    - Nombre. Nombre del cliente.
    - Ciudad. Lugar de residencia del cliente.
    - Edad. Edad del cliente.

    Realice las siguientes consultas:

    1. Muestra todos los clientes de la tabla.
    2. Muestra los nombres y la edad de los clientes cuya edad supere los 20 años.
    3. Muestra los clientes que viven en Sevilla.
    4. Borra al cliente que se llama "Manuel Castro".
    5. Inserta una clienta llamada María, con 23 años y que vive en Madrid.
    6. Actualiza la edad de Pepe a 33 años.

Capítulo 5

Atender al usuario

Contenido

1. Introducción
2. Registrar las solicitudes de los usuarios, estableciendo una correcta priorización en su resolución
3. Informar al usuario del estado de resolución de su solicitud y del tiempo estimado de resolución
4. Formar al usuario en los procedimientos y canales adecuados para la solicitud de servicio y notificación de incidente, así como en las posibles soluciones a aplicar ante la aparición de problemas frecuentes
5. Resumen

1. Introducción

La labor del informático dentro del organigrama de una empresa no se limita únicamente a tratar con los equipos informáticos y resolver sus averías. La interacción con los usuarios es fundamental para mantener en correcto funcionamiento todos los ordenadores, ya que el usuario es quien más tiempo se enfrenta al equipo y puede ser la causa de varias de estas averías.

Mantener una correcta relación con los usuarios y atenderlos correctamente puede servir como un ejercicio de prevención de averías, así como de actividad formativa para estos.

Cuando el usuario se pone en contacto con el técnico para solucionar un error, este debe tratarlo con unas normas básicas de educación e intentar ser lo más breve y conciso posible en sus explicaciones. Se debe tener en cuenta que, cuando el usuario realiza este tipo de llamadas, es porque desconoce la causa del error y su posible solución y está viéndose imposibilitado para realizar sus funciones normales de trabajo, así que el técnico tiene en sus manos el tiempo del usuario. Si el técnico ofreciera una solución ineficiente o un trato descortés, podría dar lugar a que el usuario no decidiese contactar con el técnico cuando tiene un problema, pudiendo provocar involuntariamente averías más graves, con el consecuente gasto económico y de tiempo que ello conlleva.

Para evitar este tipo de situaciones, se debe establecer un registro de solicitudes de los usuarios, para estudiarlas y priorizarlas en cuanto a su solución, así como un canal de comunicación protocolario para contactar con el técnico y, si fuese necesario, resolver las averías telemáticamente en tiempo real. Así, utilizando la base de datos de conocimiento, también se puede elaborar un documento de Problemas frecuentes, con el cual el propio usuario podría resolver algunas averías frecuentes de pequeña magnitud.

A partir de estas consideraciones, se pretende crear un protocolo óptimo para la correcta comunicación entre usuario y técnico, favoreciendo y priorizando aquellas averías que repercutan de manera más negativa en el funcionamiento normal de la empresa y ofreciendo soluciones eficaces para los problemas hallados.

2. Registrar las solicitudes de los usuarios, estableciendo una correcta priorización en su resolución

Una vez que el usuario se pone en contacto con el personal técnico para solucionar una avería, se ha de comenzar la labor de identificación de esta. La comunicación con el usuario en este punto es vital para la correcta resolución y este debe proporcionar todos los datos que se le soliciten en el menor plazo de tiempo posible.

Asimismo, se debe registrar el momento en el que ejecuta la solicitud para posteriormente calcular el tiempo que se ha empleado en solucionar el problema y elaborar un pequeño informe para analizarlo y estudiar posibles mejoras en el servicio.

2.1. Registro de las solicitudes de los usuarios

El registro de las solicitudes de los usuarios debe llevarse a cabo de forma clara y concisa, dejando constancia de la fecha y hora en que se produjo el contacto con el equipo técnico, así como de la naturaleza de la avería. Este registro se puede llevar a cabo en la misma base de datos de conocimiento, para utilizarlo después en el mantenimiento de los equipos y en la solución de futuras averías.

En él es conveniente dejar constancia de los síntomas que presenta el equipo, es decir, los funcionamientos erróneos que aprecia el usuario a la hora de trabajar con el equipo. Esto puede ofrecer una idea de la causa de la avería, así como de su solución.

También es recomendable anotar el canal de comunicación que se ha utilizado para el contacto entre usuario y técnico, para futuras mejoras o, si fuese necesario, reforzarlo con otra línea complementaria debido al excesivo tráfico.

Todos estos datos deben ser introducidos en la base de datos de conocimiento de la organización, ya sea en formato digital o físico, dejando constancia de lo anteriormente expuesto para su posterior uso por el personal técnico a la hora de abordar las averías.

2.2. Comunicación con el usuario

Uno de los puntos más críticos en el diagnóstico y solución de una avería es la comunicación con el usuario. Por norma general, el técnico debe presuponer que el usuario no es un experto en el tema, con lo cual debe explicar detenidamente los pasos que este debe realizar, así como hacer preguntas concretas para intentar diagnosticar y solucionar el problema.

En los casos de solución a distancia de averías, el usuario será las manos y los ojos del técnico, así que el técnico debe usar un lenguaje correcto y respetuoso, sin hacer que el usuario se sienta menospreciado. Recuérdese que la base de cualquier tipo de relación es el respeto, sin olvidar nunca que detrás de la línea telefónica o el correo electrónico hay una persona que merece el mismo respeto que uno exigiría para sí.

Una vez que el usuario ha contactado con el equipo técnico, comienza la tarea de identificar la avería o, en su defecto, de recopilar toda la información posible acerca de esta para, poco a poco, llegar a una solución óptima. Para ello, es conveniente realizar al usuario una pequeña encuesta sobre el funcionamiento del equipo, la cual es recomendable que sea un estándar para abordar todo tipo de situaciones.

Recuerde

La correcta documentación de los síntomas de una avería es muy recomendable para su utilización de cara a afrontar futuros problemas. Si esta se utiliza de forma correcta, puede ahorrar bastante tiempo y dinero en la solución de futuras averías.

¿Qué le ocurre al equipo?

La primera pregunta que se deberá formular al usuario es esta. El usuario debe describir con sus propias palabras qué falla en el funcionamiento del equipo y, en este momento, al obtener la respuesta del usuario, se deben empezar a descartar posibles causas de la avería.

¿Desde cuándo le ocurre?

La respuesta que el usuario dé a esta pregunta situará el inicio de la avería en el tiempo. Es decir, dependiendo de la respuesta del usuario, se puede empezar a indagar en la causa del error para intentar encontrar una solución lo antes posible.

¿Es usted el único usuario del ordenador?

Si la respuesta del usuario es afirmativa, se le podrán realizar preguntas más concretas para llegar más rápidamente a la causa de la avería. Si el equipo es usado por varios usuarios, es probable que el usuario que realiza la comunicación desconozca si ese error ha aparecido con anterioridad. Siempre se partirá de la premisa de que el usuario no es el culpable de la avería por un mal uso o error humano. No se le debe incomodar haciendo preguntas que puedan dar lugar a que piense que el error es causa suya.

¿Se ha instalado recientemente nuevo *software* o actualizado alguno de los *software* instalados?

Esta pregunta puede dar la respuesta de la causa del error y, por ende, a su solución. Si el problema ha aparecido al actualizar o instalar nuevo *software,* es ahí donde se debe atacar, ya sea reinstalando el *software* o la actualización de este.

¿Se ha descargado algún archivo de Internet o de algún dispositivo externo recientemente?

Al contestar a esta pregunta, el usuario puede dar al técnico la causa de la avería, ya que algunos archivos o documentos llevan camuflado *software* malicioso para el ordenador. Si la respuesta es afirmativa, se procederá a un escaneo completo de virus para descartar la posibilidad de un virus o *malware* o, por el contrario, solucionar el problema si esta fuese la causa.

Una vez que se obtienen las respuestas a estas preguntas, la identificación de la avería puede estar cerca o bien estar ya identificada. Las respuestas a estas preguntas deben quedar registradas en la base de datos de conocimiento, sintetizándolas lo suficiente para que vuelvan a ser de ayuda en futuros problemas.

Importante

Al realizar cualquier pregunta al usuario, evítese personalizarla. En lugar de preguntar "¿Ha instalado usted...?", se debe preguntar "¿Se ha instalado en el equipo...?". Esta fórmula es muy útil para que el usuario no se sienta acusado por la avería y se consiga de él plena colaboración.

2.3. Priorización de las solicitudes de los usuarios

Una vez que se tiene identificada total o parcialmente la causa de la avería y los posibles contratiempos que pueda generar, se han de priorizar las diferentes solicitudes que se hayan recibido por parte de los usuarios.

Para esta priorización, se han de tener en cuenta diferentes factores, tales como el impacto de la avería en el funcionamiento de la empresa, la carga de trabajo del usuario que haya presentado la solicitud o el riesgo de provocar una mayor avería. De cualquier modo, las averías deben solucionarse en el menor plazo de tiempo posible, ya que, en el engranaje empresarial, cualquier pieza que falle provoca pérdidas, sin importar la magnitud de la avería. El deber del técnico es tenerlo todo listo y a pleno funcionamiento para minimizar cualquier tipo de pérdida.

En primer lugar, se debe dar prioridad a las averías que supongan un riesgo para el resto de equipos de la empresa, como las infecciones de virus o *malware* que se puedan propagar a los otros equipos mediante la transferencia de archivos.

Los equipos que tengan un trabajo específico que no pueda ser realizado por otros deberán tener prioridad sobre los equipos que realicen una función menos específica. Ese tipo de equipos deben mantenerse a pleno rendimiento, ya que, si no se pueden realizar sus funciones, ese apartado de la empresa quedará totalmente anulado hasta la resolución de la avería.

Asimismo, los equipos con cargas de trabajo elevadas también deben ser tratados con prioridad, ya que la acumulación de trabajo por parte de estos puede dar lugar a una situación negativa para el desarrollo de las funciones de la empresa.

En cualquier caso, el técnico, según su criterio personal, es el que tiene la última palabra en cuanto a la priorización de las solicitudes realizadas, ya que conoce las particularidades de cada empresa y es el más indicado para establecer el orden de salida de las peticiones recibidas.

Es bastante común que se reciban presiones por parte de los propios usuarios para dar prioridad a la solución de su avería, pero el técnico siempre ha de tener claro cuál es su sistema de trabajo y debe ser claro con los plazos a la hora de comunicárselos a los usuarios, siempre de forma educada.

Aplicación práctica

Priorice, según lo explicado, las siguientes averías en el orden en el que las solucionaría:

- **El único ordenador destinado a la contabilidad no enciende.**
- **Uno de los ordenadores muestra un aviso de error, pero funciona normalmente.**
- **Uno de los 2 equipos destinados a comunicación con los clientes no puede conectar a Internet.**

SOLUCIÓN

El equipo que tendría más prioridad a la hora de abordar la avería sería el de contabilidad, ya que es el único destinado a esa función y esa área quedaría detenida en la empresa si el equipo no funcionase.

Continúa en página siguiente >>

<< Viene de página anterior

El siguiente sería el ordenador que no conecta a Internet en el departamento de comunicación, ya que, aunque hay otro que puede realizar las mismas funciones, es conveniente que funcionen ambos. En el caso contrario, habría un empleado que no podría desempeñar sus funciones.

Por último, se abordaría el ordenador que muestra un aviso de error, pero aun así funciona normalmente, ya que es el que presenta menos problemas para el desempeño de sus funciones.

2.4. Registrar la incidencia en la base de datos de conocimiento

Para registrar las incidencias conforme estas se vayan produciendo, es recomendable utilizar una herramienta de los sistemas de bases de datos que permiten actualizar las tablas sin entrar directamente a ellas, con el riesgo que ello conlleva; se trata de los formularios.

Los formularios no son más que pantallas de introducción o selección de datos, mediante las cuales se añadirán, modificarán o eliminarán registros. Para que un formulario provoque modificación en los datos de la base de datos, debe estar asociado a una tabla o a una consulta.

La ventaja de los formularios es que en ellos se puede acceder a solo un registro, con lo cual el resto de elementos de la tabla o consulta asociada permanecen inalterados.

Creación de formularios en MS Access

Los formularios constan de diversos elementos de interacción con el usuario, tales como botones, cajas de entrada de texto, etiquetas, etc.

Estos elementos pueden agregarse automáticamente al formulario según las necesidades de este, utilizando el asistente, o puede agregarlos el creador del formulario manualmente, utilizando el método de diseño de formulario.

Creación de formularios utilizando el asistente

Para crear un formulario utilizando el asistente de *MS Access,* se ha de abrir la pestaña **Formularios** del panel izquierdo del programa. Una vez ahí, habrá que clicar en la pestaña **Crear** y seguidamente en **Asistente para formularios.**

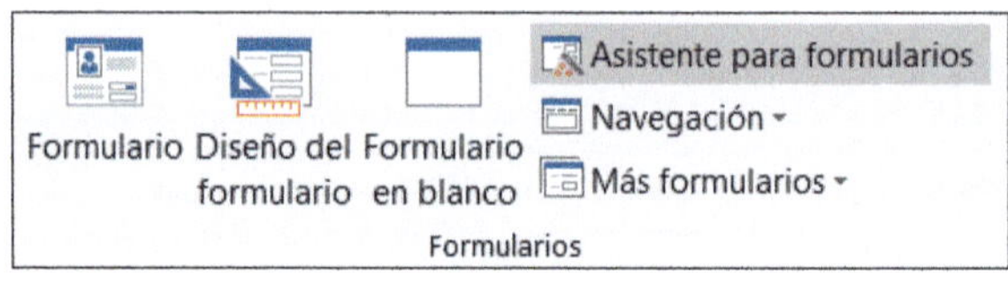

Ubicación del asistente para formularios en MS Access

Al igual que en el caso del **Asistente para informes,** se abrirá una ventana emergente que indicará los pasos a seguir.

La primera ventana será la de selección de tabla o consulta para la cual se realizará el informe, así como los campos necesarios. Una vez estén estos seleccionados, se hará clic en el botón **Siguiente.**

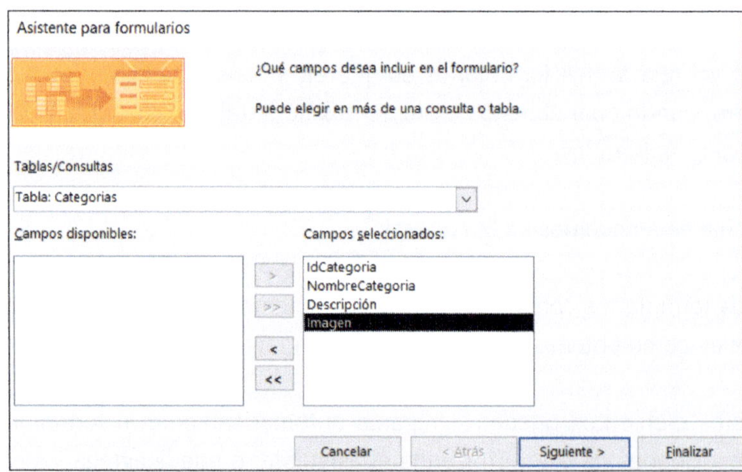

Primera ventana del asistente de creación de formularios de MS Access

La segunda pantalla muestra la distribución en pantalla del formulario, dando diversas opciones. Estas opciones son meramente estéticas y la función del informe no se verá alterada por escoger una u otra distribución.

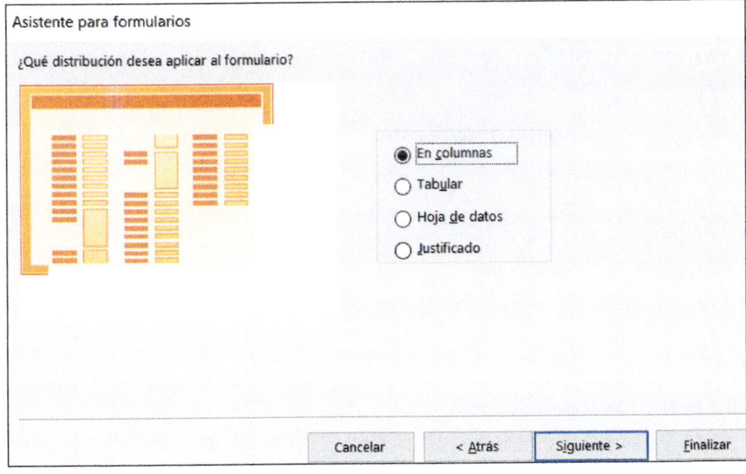

Segunda ventana del asistente de creación de formularios de MS Access

La tercera pantalla permite darle nombre al formulario. Además, se puede elegir si se desea cambiar el diseño o no.

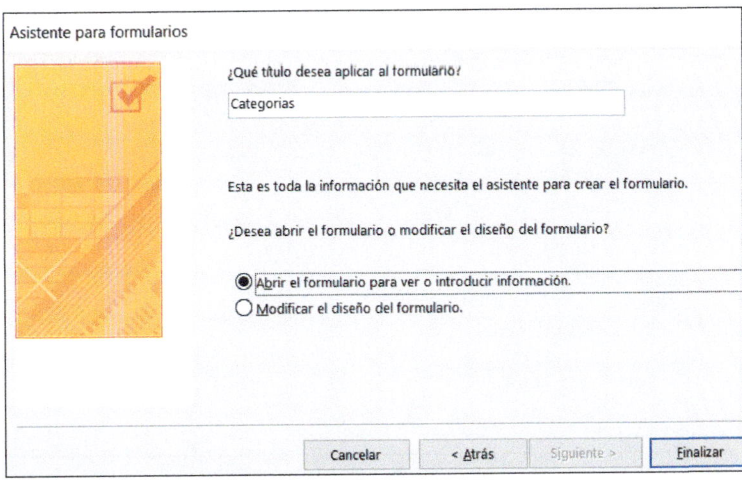

Tercera ventana del asistente de creación de formularios de MS Access

Una vez que se pulsa **Finalizar,** aparecerá el formulario para introducir datos.

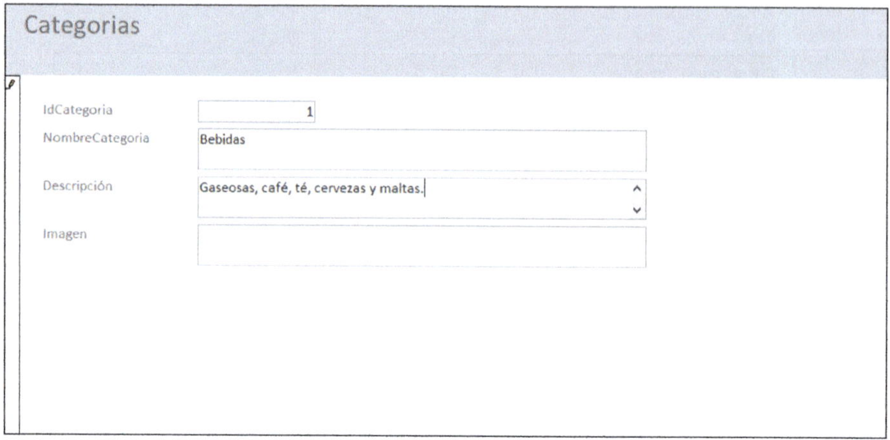

Ejemplo de un formulario creado utilizando el asistente

Creación de formularios utilizando el método vista diseño

Para crear un formulario utilizando el método **Vista diseño,** se ha de hacer clic en la pestaña **Crear** y luego en **Diseño del formulario.**

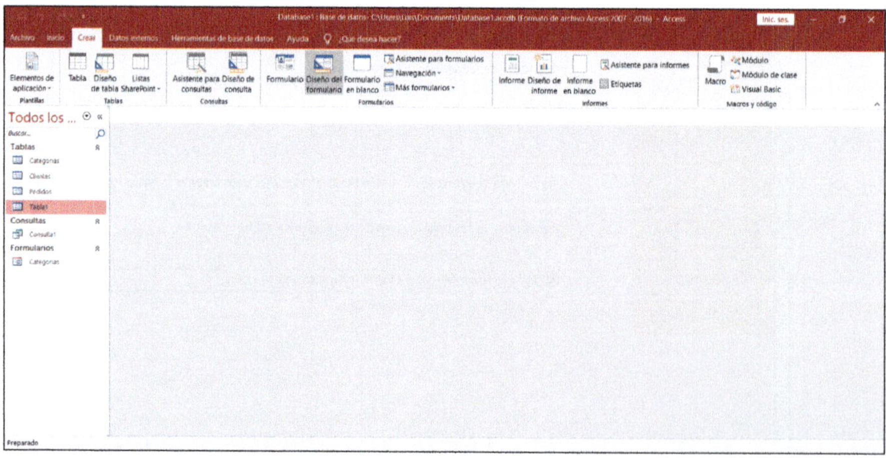

Ubicación del Diseño de formularios en MS Access

Una vez abierto, aparecerá una cuadrícula totalmente en blanco, en la cual se empezarán a arrastrar los diferentes tipos de elementos que sean necesarios.

Para mostrar las tablas y consultas de la base de datos y poder seleccionar los campos de estas, se ha de hacer clic en el botón que aparece en la parte superior de la pantalla con el texto **Agregar campos existentes.**

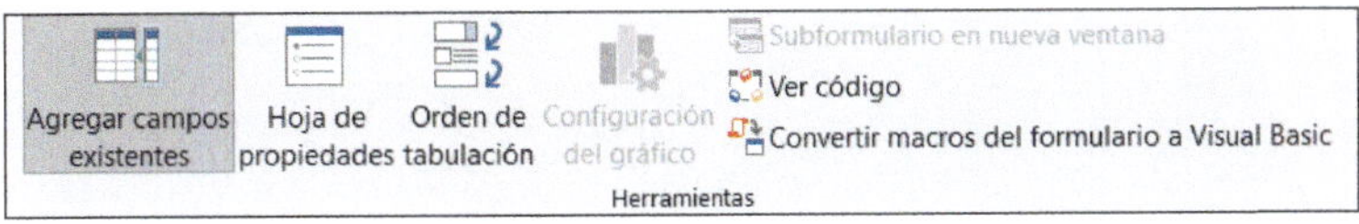

Ubicación del botón Agregar campos existentes en MS Access

Una vez se haga clic, aparecerá un cuadro en la parte derecha de la pantalla en el cual emergerán las tablas y las consultas, con un símbolo "+" a su izquierda que, si se despliega, deja a la vista los campos de las estas.

Lista de campos en MS Access

Una vez esté el cursor posicionado sobre el campo que se desea agregar, se hará clic con el botón derecho del ratón y posteriormente en la opción **Agregar campo a la vista.** También se puede arrastrar a la cuadrícula o agregarlo haciendo doble clic sobre el campo.

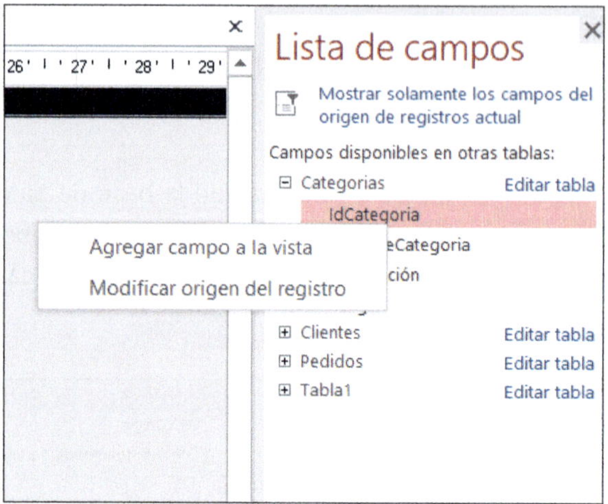

Agregar un campo a la vista diseño del formulario

Una vez se agreguen los campos deseados, la consulta se podrá dar por finalizada. Las opciones visuales (esquema de colores, apariencia de las cajas de texto, fuentes, etc.) son personalizables, pero, como se ha expuesto anteriormente, las opciones visuales no afectan a la finalidad del formulario, con lo cual no es necesario que se expongan aquí como contenido de interés.

Ejemplo de un formulario creado utilizando el método Vista diseño

Introducción de nuevos registros utilizando un formulario utilizando MS Access

Una vez el formulario está creado, este está enlazado a las tablas o consultas que se hayan especificado en su diseño. Esto quiere decir que cualquier cambio que se realice sobre algún campo se verá implementado en las tablas originales de la base de datos, con lo cual hay que andar con bastante precaución para no provocar pérdidas de datos o datos erróneos.

Para introducir datos en la base de datos utilizando los formularios, se ha de comprender el funcionamiento de la barra inferior que aparece en estos.

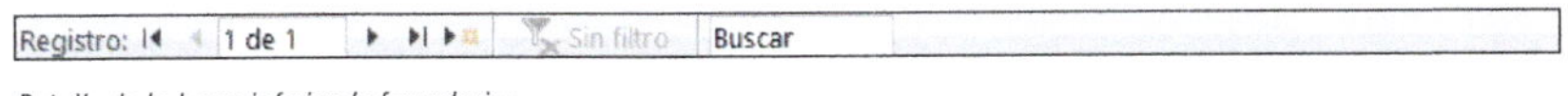

Detalle de la barra inferior de formularios

En esta barra, se pueden apreciar varios botones, así como cajas de texto.

Los botones de flechas son botones de navegación entre registros. Se observa que aparecen dos que apuntan hacia la izquierda y tres que apuntan hacia adelante.

Los dos primeros, que apuntan hacia atrás, son **Ir al primer registro** e **Ir al registro anterior** respectivamente. Si se hace clic, se observará cómo cambia la información del formulario por la del primer registro en el caso de hacer clic en **Ir al primer registro** o por la información del registro inmediatamente anterior al que se esté mostrando en el caso de clicar en **Ir al registro anterior.**

De forma igual trabajan los dos siguientes botones, los dos primeros que apuntan hacia la derecha. En este caso, el primer botón es **Ir al siguiente registro** y el segundo es **Ir al último registro.** Si se hace clic en ellos, la información mostrada cambiará a la correspondiente al registro que transporte el botón. Se aprecia una similitud con los botones de un reproductor de música o vídeo, con lo cual convierte la navegación entre registros en una función bastante instintiva.

El siguiente botón, que apunta hacia la derecha con un destello amarillo, es el que se usará para crear un nuevo registro. Al hacer clic en él, la información del formulario quedará en blanco, permitiendo la entrada de un nuevo registro en la tabla de la base de datos. Rellenando los campos, se creará automáticamente el registro.

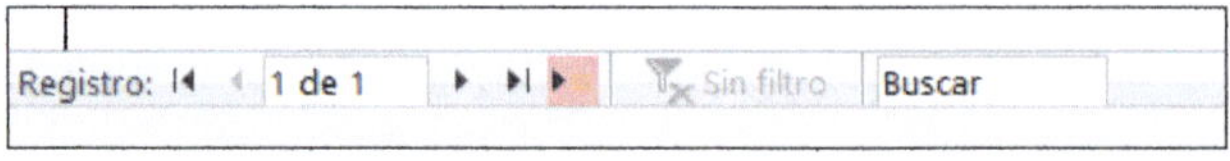

Detalle del botón Nuevo registro (iluminado)

El cuadro de texto con la inscripción **Buscar** permite que se busque un registro mediante cualquiera de los campos que contenga. Es decir, se podrá buscar un nombre, unos apellidos, etc. Cualquier tipo de texto que aparezca en el registro deseado y el formulario, automáticamente, desplazará la vista al registro deseado.

Creación de formularios en LibreOffice Base de datos

Al igual que su homólogo de *Microsoft, LibreOffice Base de datos* permite la elaboración de formularios utilizando el **Asistente para crear formularios** y el **Modo diseño.** Las diferencias entre ambos *software* a la hora de crear los formularios son escasas, pero conviene tenerlas en consideración.

Creación de formularios utilizando el asistente

Para crear un formulario utilizando el asistente de *LibreOffice Base de datos,* habrá que clicar en el icono **Formularios** en el panel izquierdo. Una vez se haga clic en ese icono, aparecerán dos opciones en el panel que se abre a la derecha. Habrá que usar la opción **Crear un formulario mediante el asistente...**

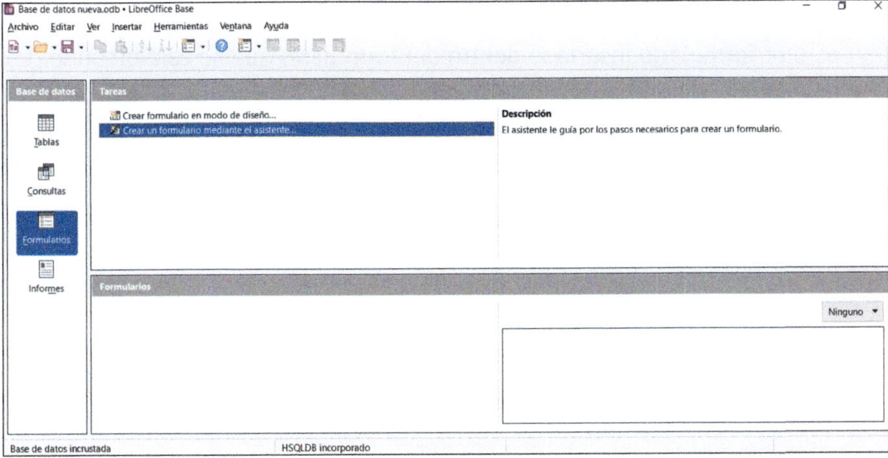

Ubicación de asistente para formularios en LibreOffice Base de datos

Como en *MS Access,* se abrirá una nueva ventana en la que aparecerán los pasos a seguir para crear el formulario.

El primer paso es la selección de tablas y consultas, con sus respectivos campos. Una vez se seleccionen los deseados, se hará clic en siguiente.

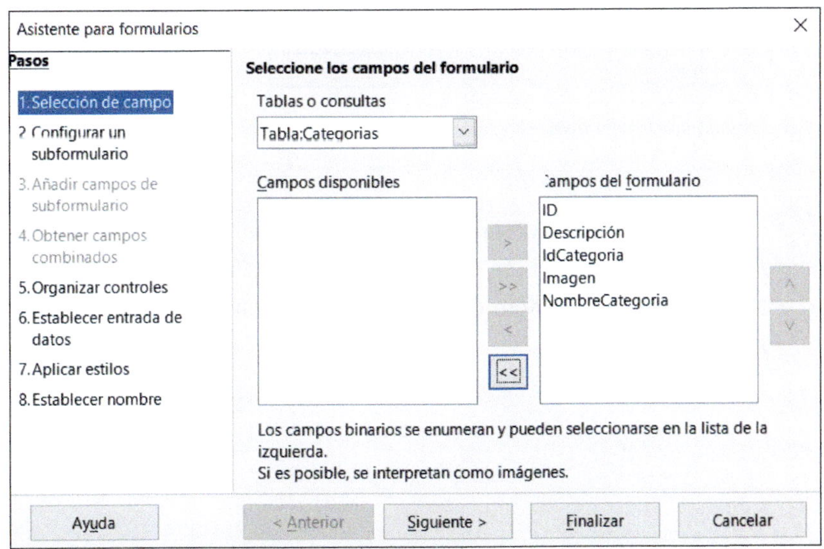

Primer paso del asistente de creación de formularios en LibreOffice Base de datos

El segundo punto permite agregar un subformulario. Un subformulario es otro formulario insertado dentro del formulario que se está creando. Es de mucha utilidad cuando se quieren visualizar los datos de las tablas o consultas que mantienen una relación 1:N, como es el caso de la relación que existiría entre una hipotética tabla "Facturas" y otra "Líneas de factura" (una factura puede tener varias líneas o conceptos, mientras que una línea solo puede pertenecer a una sola factura).

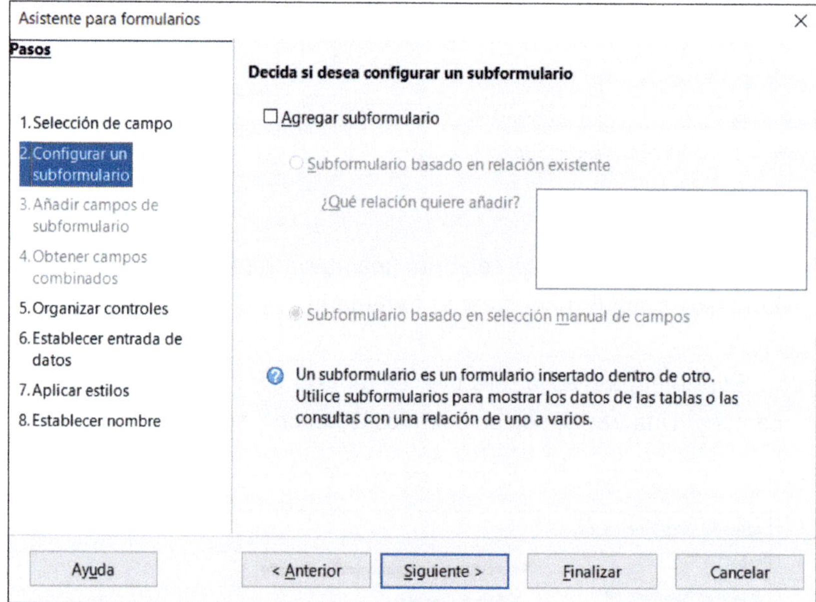

Segundo paso del asistente de creación de formularios en LibreOffice Base de datos

El tercer paso solo será accesible si se agrega un subformulario al formulario principal. Este simplemente será el de selección de tablas y consultas para el subformulario, de la misma forma que se hace con el formulario principal.

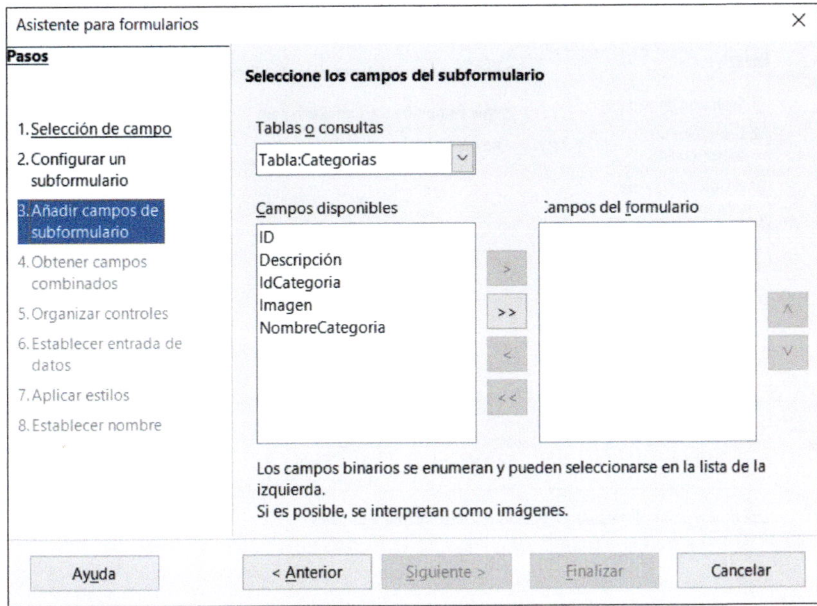

Tercer paso del asistente para formularios de LibreOffice Base de datos

El cuarto paso, **Obtener campos combinados,** se utiliza en formularios en cuyas tablas seleccionadas para mostrar no se ha establecido ninguna relación y solo será accesible si se da esta circunstancia. Los campos combinados siempre han de ser del mismo tipo, es decir, no se puede configurar un campo combinado entre un campo de tipo **Texto** y otro de **Fecha/Hora.**

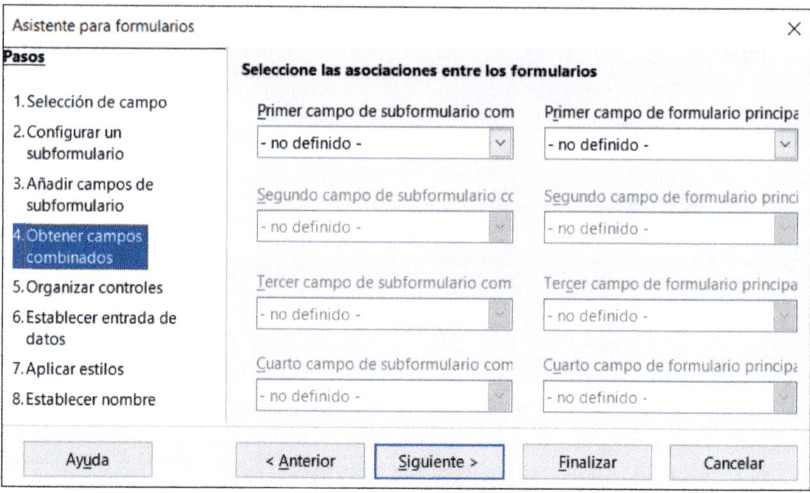

Cuarto paso del asistente para formularios de LibreOffice Base de datos

El quinto paso, **Organizar campos de control,** es la distribución en la que se colocarán los campos en el formulario. Es una opción meramente estética, con lo cual no es necesario detenerse en demasía. En el caso de existir un subformulario, también permite la opción de editarlo.

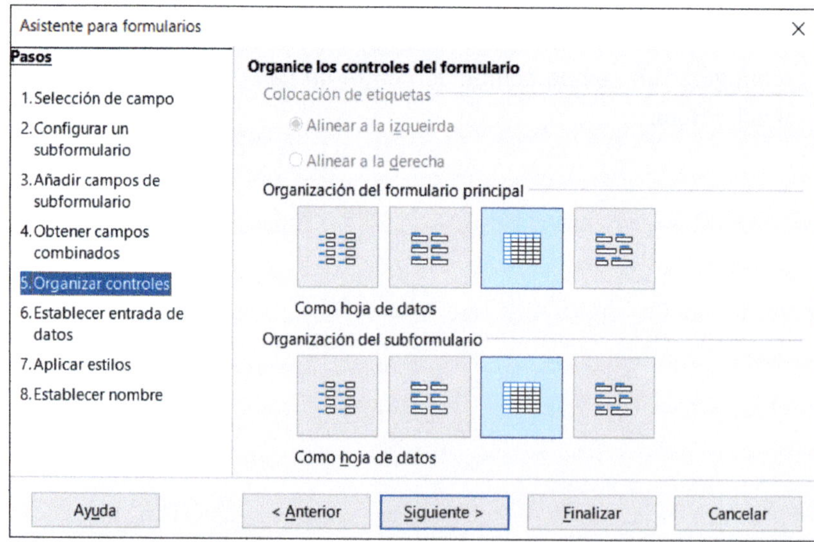

Quinto paso del asistente para formularios de Libre Office Base de datos

El punto 6, **Establecer la entrada de datos,** sí ofrece una característica diferente si se compara con *MS Access.* En él se establece la función del formulario, en el cual se puede seleccionar una de las siguientes opciones:

1. **El formulario se va a utilizar para introducir únicamente datos nuevos. No se mostrarán los datos existentes:** si se selecciona esta opción, se estará creando un formulario cuya única finalidad será la entrada de nuevos registros, sin posibilidad de consultar ni modificar ninguno de los registros existentes.
2. **El formulario mostrará todos los datos:** esta opción permite el acceso a los datos de las tablas o consultas asociadas al formulario. Cuenta con tres opciones, de las que se podrán seleccionar varias simultáneamente:

    a. **No permitirá la modificación de datos existentes:** si se marca esta opción, el formulario mostrará todos los datos, pero bloqueará la modificación de los datos existentes. Por defecto está desmarcado, lo que indica que permitirá la modificación de datos.
    b. **No permitir el borrado de datos existentes:** si se marca esta opción, el formulario mostrará todos los datos, pero bloqueará su borrado. Por defecto está desmarcado, lo que indica que permitirá el borrado de datos.
    c. **No permitir la adición de datos nuevos:** si se marca esta opción, el formulario mostrará todos los datos, pero bloqueará la posibilidad de añadir nuevos registros. Por defecto está desmarcado, lo que permite la adición de nuevos registros.

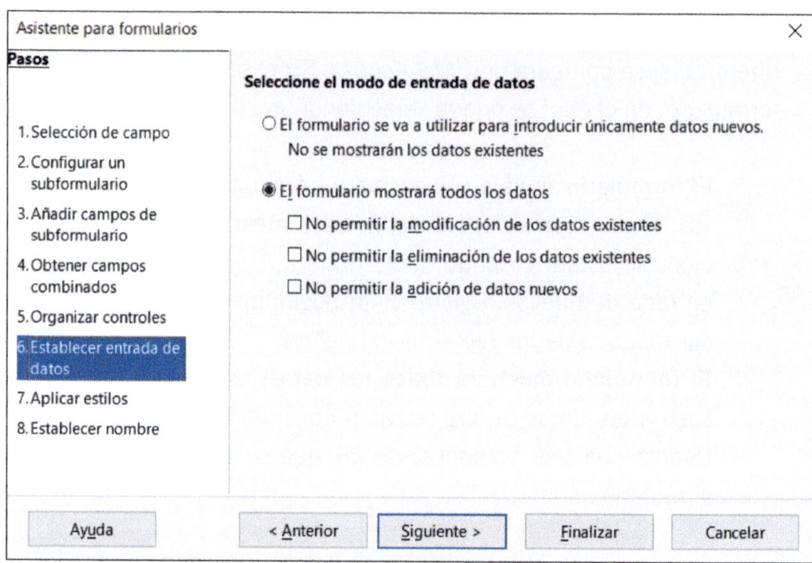

Pantalla del paso sexto de creación de formularios con el asistente de LibreOffice Base de datos

Para resumir un poco y comparar el resultado con el obtenido en la creación de un formulario con el asistente de *MS Access,* si se selecciona la opción primera, se creará un formulario de solo entrada de datos. Si se selecciona la opción **El formulario mostrará todos los datos** sin marcar ninguna casilla de las subopciones, se obtendrá el mismo tipo de formulario que con *MS Access.* Si por el contrario se marcan alguna de las opciones derivadas, las funciones del formulario se verán afectadas. Hay que seleccionar estas opciones cuidadosamente y teniendo en cuenta la finalidad del formulario.

La opción número siete, **Aplicar estilos,** es otra opción estética, en la que se tendrá la opción de elegir tanto el color de fondo como la apariencia de las etiquetas en el formulario, así como el color de la fuente de las etiquetas.

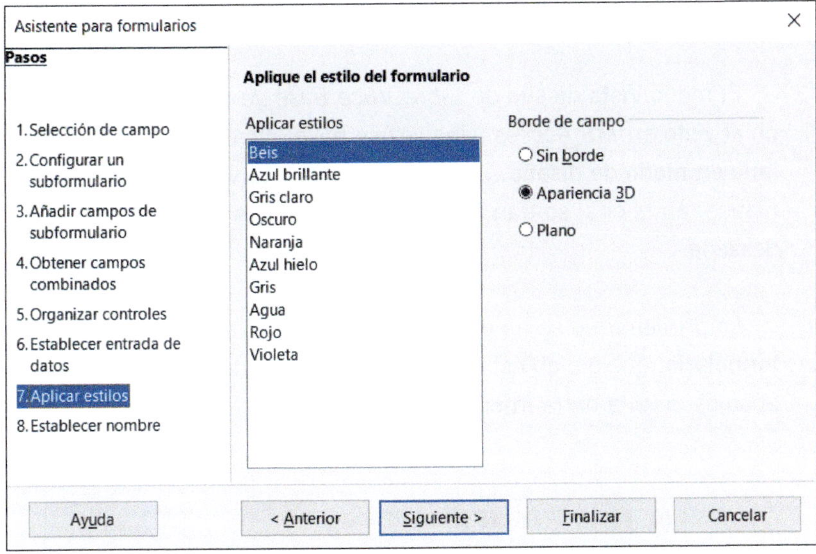

Séptimo paso del asistente de creación deformularios de LibreOffice Base de datos

La octava y última opción permite ponerle un nombre al formulario y ofrece la posibilidad de trabajar directamente con él o modificarlo en la **Vista diseño.** Se seleccionará la opción deseada y, una vez se haga clic en **Finalizar**, el formulario estará terminado y listo para usarse.

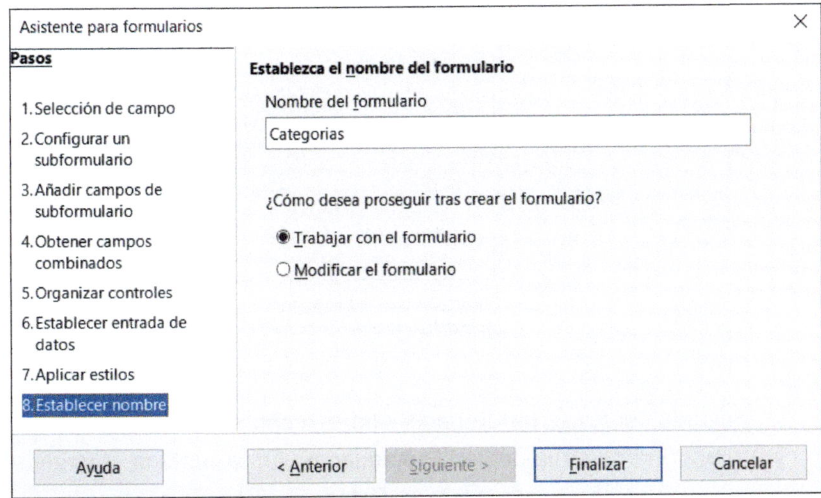

Último paso del asistente de creación de formularios de LibreOficce Base de datos

Creación de formularios en el modo Vista diseño

El modo **Vista diseño** de *LibreOffice Base de datos* es bastante parecido al visto en *MS Access.* Una vez se hace clic en la opción **Crear formulario en modo de diseño...,** se abrirá una nueva ventana con una rejilla en blanco, en la cual se irán agregando los campos de las tablas o consultas deseadas.

Lo primero que se ha de hacer es hacer clic en el botón **Navegador de formulario,** que o bien está ubicado en la barra de herramientas superior o aparece en una barra inferior.

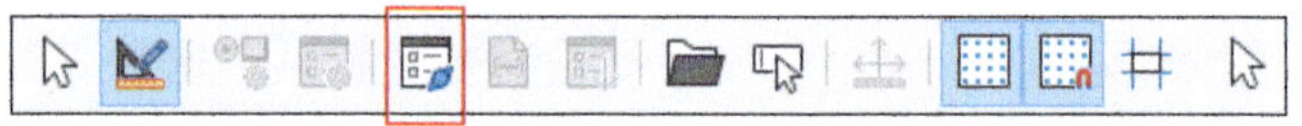

Ubicación del Navegador de formulario en la barra inferior de LibreOffice Base de datos

Una vez que esté abierto, al hacer clic con el botón derecho del ratón se desplegará un menú, en el que se elegirá la opción **Nuevo** y posteriormente **Formulario.** Se le asigna un nombre al mismo y se aprieta la tecla [Intro].

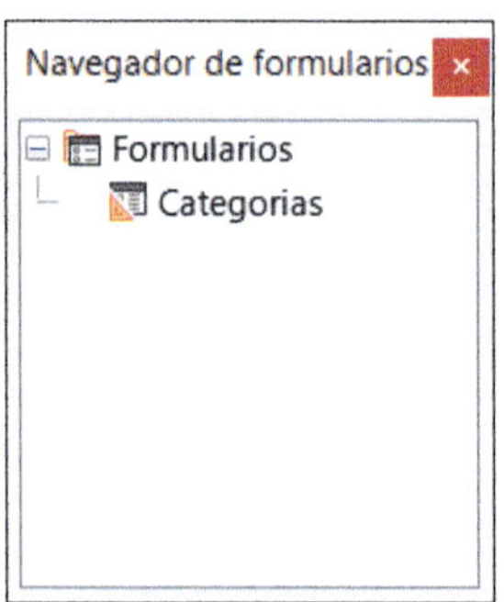

Ejemplo de la ventana Navegador de formulario con un formulario creado

Seguidamente, se ha de hacer clic derecho sobre el nuevo formulario y posteriormente en la opción **Propiedades.** En la ventana emergente que aparece, se selecciona la pestaña **Datos.** En **Tipo de contenido,** se elige entre tabla o consulta y, en **Contenido,** la tabla o consulta a la que se desea enlazar el formulario.

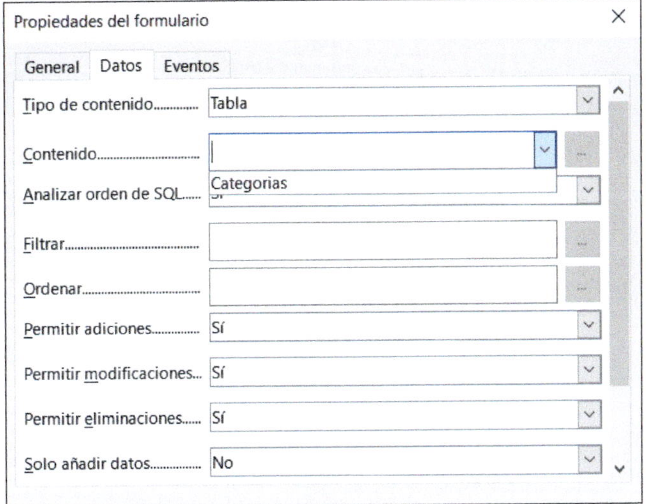

Detalle de las propiedades del formulario en LibreOficce Base de datos

Una vez hecho esto, se cierran ambas ventanas **(Propiedades** y **Navegador de formulario)** y se puede comenzar con el diseño del formulario propiamente dicho.

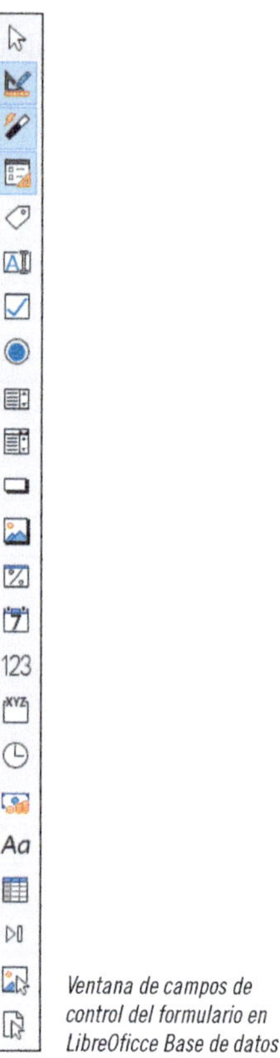

Ventana de campos de control del formulario en LibreOficce Base de datos

A diferencia de *MS Access,* en *LibreOffice Base de datos* se han de agregar los comandos del formulario y posteriormente establecer su relación con la tabla. Para ello, se cuenta con el panel de **Campos de control del formulario,** ubicado a la izquierda de la pantalla. En él aparecen todos los tipos de campo que se pueden agregar al formulario.

Para ver cómo se realiza esta acción, se insertará un campo de texto. Se hace clic en el icono de **Campo de texto** en la barra de **Campos de control del formulario** y se dibuja en el formulario hasta que alcance el tamaño deseado.

Una vez esté dibujado, con el botón derecho del ratón se despliega el menú (clic derecho) y se selecciona la opción **Campo de control.**

Una vez se despliegue la ventana emergente, en la pestaña **Datos,** haciendo clic en el desplegable **Campo de datos,** se seleccionará el campo de la tabla o consulta al que se asociará ese campo de texto.

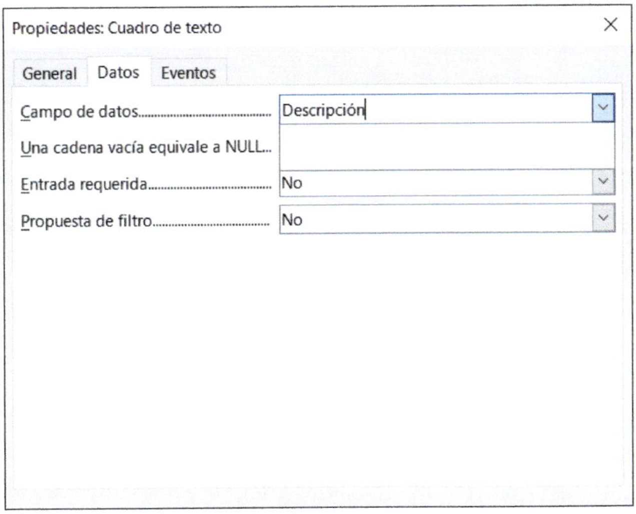

Cuadro de texto y propiedades en LibreOffice Base de datos

Hecho esto, es recomendable dar un nombre al campo de texto para poder distinguirlo de los demás en el **Navegador de formulario.** Para ello, se hace clic en la pestaña **General** y se le otorga un nombre en el campo **Nombre.**

A continuación, hay que asignarle una etiqueta al campo. Una etiqueta no es más que un texto que aparece junto al campo y que indica su contenido. Para ello, se debe agregar una **Etiqueta,** disponible en la barra de **Campos de control de formulario.** Se dibuja en la posición deseada y se realiza doble clic sobre ella. Cuando se abren las propiedades, en la pestaña **General,** campo **Título,** se introduce el texto que se quiere mostrar en la etiqueta.

Una vez visto el funcionamiento básico de cómo agregar los campos de control al formulario y asociarlos con la tabla, solo quedará agregar el resto de campos al formulario.

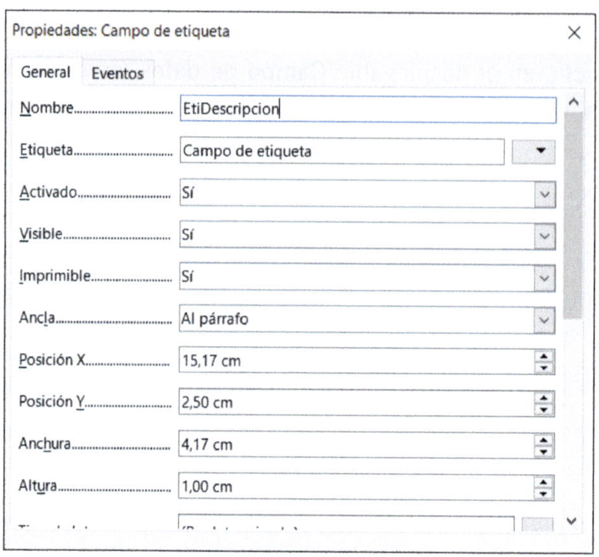

Ejemplo de colocación de etiqueta en LibreOficce Base de datos

Cabe destacar que los diversos tipos de campo que existan en la base de datos se deben asociar con un control específico. Así, cada tipo de campo tiene su control específico, que aparece en la barra de **Campos de control.** Si no apareciese, al hacer clic sobre el botón **Más campos de control,** se abrirá una barra nueva que contiene el resto de campos de control.

Introducción de nuevos registros utilizando un formulario

Al igual que en *MS Access,* para introducir nuevos registros en la base de datos utilizando un formulario, solo se ha de abrir este y hacer clic en el botón inferior correspondiente a **Nuevo registro.**

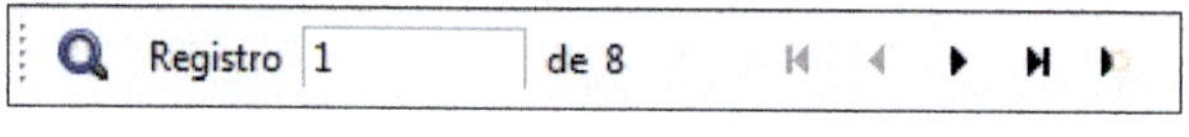

Botón correspondiente a Nuevo registro en LibreOficce Base de datos

Esto es aplicable en el caso de que el formulario permita la entrada de nuevos registros y muestre todos los existentes. Si el formulario no permite la entrada de nuevos registros, se ha de crear o abrir el formulario correspondiente a la introducción de registros. Si, por el contrario, el formulario solo admite la entrada de registros, sin mostrar los existentes en base de datos, bastará con abrirlo y automáticamente se habrá posicionado en un nuevo registro para la introducción de los datos deseados.

Aplicación práctica

Le han asignado la tarea de crear un formulario simple de entrada de datos que no permita ver el contenido de la base de datos de LibreOffice Base de datos. ¿Cuál sería la forma que utilizaría para agilizar su creación? ¿De qué manera lo haría?

SOLUCIÓN

Para crear un formulario que solo permita la entrada de nuevos registros, lo más fácil sería crearlo utilizando el asistente, ya que es un método bastante más rápido que Vista diseño.

Una vez el asistente se haya abierto, se seleccionarían los campos deseados de la base de datos. Seguidamente, al ser un formulario simple, no se le añadiría ningún subformulario, con lo que se pasaría a las opciones de visualización. Una vez elegidas, en el paso Establecer la entrada de datos, se elegiría la opción Solo entrada de nuevos datos. Una vez hecho esto, se aplicaría el estilo y se le pondría un nombre y ya estaría listo para su utilización.

Actividades

1. Explique brevemente en qué consiste el proceso de registro de las solicitudes de los usuarios.
2. Enumere las diferencias que encuentre al crear un formulario en Vista diseño con MS *Access y LibreOffice Base de datos.*
3. Defina formulario de entrada de datos.
4. Enumere los pasos a seguir a la hora de comunicarse con un usuario.

3. Informar al usuario del estado de resolución de su solicitud y del tiempo estimado de resolución de la misma

Cuando un usuario contacta con el departamento técnico para la solución de una avería, es porque esta le imposibilita para la correcta realización de las funciones de su puesto de trabajo. Por este motivo, es importante la comunicación con el usuario sobre el estado de su solicitud y el tiempo estimado de resolución. Cuanto menos tiempo se emplee en la resolución de las averías, menor es el impacto económico que se produce en la empresa.

Por otra parte, el usuario que no está informado del estado de su solicitud puede creer que no se tiene en cuenta su situación y, por ende, que no se le tiene en cuenta en la empresa. Recuérdese siempre que detrás de cada avería hay una persona, con la cual hay que tratarla con el máximo respeto y educación hacia ella y hacia su función en la empresa.

3.1. Utilización de los canales de comunicación

Para la correcta comunicación entre el departamento técnico y los usuarios, la empresa deberá proveer a ambos de unos canales directos de comunicación. Ambas partes (técnicos y usuarios) deben emplear correctamente estos canales con el fin de garantizar el mejor servicio hacia los usuarios, así como la mayor facilidad posible para el técnico de contactar con el usuario de forma inmediata en los casos que la incidencia lo requiera.

Un canal de comunicación que responde a estas consideraciones de forma muy efectiva es el teléfono. La habilitación de una línea telefónica para el departamento técnico y que esté a disposición del usuario cuando este la necesite, agiliza en gran medida la comunicación entre ambas partes.

Como inconveniente, se puede señalar que la vía telefónica es poco efectiva en las situaciones en las que se efectúen las reparaciones en tiempo real, ya que, al dictar las instrucciones de reparación por esta vía, se corre el riesgo de una mala interpretación por parte del usuario de las instrucciones técnicas, pudiendo ocasionar una avería aún mayor.

Otro canal de comunicación válido es el correo electrónico. Este es un canal que al usuario le puede resultar un tanto incómodo, ya que, si no dispone de conocimientos adecuados, la explicación escrita de la avería de un ordenador puede ser bastante confusa para la interpretación del técnico, ya sea por el lenguaje utilizado o por la falta de definición en sus explicaciones. Por otro lado, hay que tener en cuenta que el técnico debe estar continuamente pendiente de la bandeja de entrada de correo electrónico, ya que, si recibe cualquier correo electrónico informando de una incidencia, debe responder con la mayor celeridad posible.

A estas consideraciones sobre el correo electrónico, hay que sumar la posibilidad de que el ordenador del usuario, dada la naturaleza de la avería que sufre, no de la opción de enviar o recibir correos electrónicos, con lo cual este canal de comunicación estaría totalmente anulado. Es responsabilidad de la empresa contar con más de un canal de comunicación para la interacción usuario-técnico, debido a la posibilidad de averías que afecten a uno de los canales de comunicación.

Comunicación con el usuario usando el canal telefónico

A la hora de comunicarse con un usuario utilizando el canal telefónico, es importante dirigirse a él con respeto y educación, sin dejar abierta la posibilidad de que malinterprete las palabras del técnico. Es fundamental tratar al usuario de usted y de la forma más formal posible.

Se debe describir cada paso a realizar con el máximo detalle posible, para no dar lugar a errores en su interpretación, y utilizar un lenguaje que le sea familiar a la hora de realizar las acciones.

Se ha de tener en cuenta el nivel de conocimientos del usuario, para no encomendarle tareas que puedan poner en riesgo la integridad del ordenador, ya que cualquier problema derivado de una mala comunicación siempre es responsabilidad del técnico. Siempre se ha de poner de manifiesto que el técnico está para solucionar, enseñar y asesorar al usuario, nunca se ha de dar nada por supuesto.

Nota

Cuando se esté comunicando con un cliente para tratar una avería utilizando la vía telefónica, debe explicarse todo detalladamente para prevenir la aparición de otras posibles averías debido a una acción incorrecta del usuario.

El canal telefónico es una estupenda vía de comunicación con el cliente/usuario en los casos de averías sencillas o para diagnosticar una avería mayor. En caso de cualquier duda en el diagnóstico o resolución de la avería, se debe estudiar la posibilidad de emplear otro canal más adecuado.

Comunicación con el usuario usando el correo electrónico

El correo electrónico es muy útil para comunicarse con el usuario, ya que permite una lectura adecuada de los síntomas que presenta el ordenador varias veces si fuese necesario, sin necesidad de mantener al cliente a la escucha.

Además, el correo electrónico ofrece la posibilidad de exponer al usuario varias soluciones a la hipotética avería (si las hubiese) por si esta persistiese después de tratarla, sin necesidad de emplear nuevas comunicaciones.

Al redactar un correo electrónico para un usuario, se han de tener unas consideraciones en cuanto al lenguaje a utilizar, al igual que en el caso de utilizar el canal telefónico.

No utilizar lenguaje muy técnico y describir los pasos detalladamente es muy importante para la correcta comprensión del correo electrónico por parte del cliente. Asimismo, el correo electrónico ofrece la posibilidad de adjuntar capturas de pantalla para facilitar la tarea al cliente, lo cual es una característica que puede resultar de mucha utilidad. Es conveniente utilizar una plantilla para la redacción de este tipo de correos electrónicos, para facilitar su redacción.

Una de los inconvenientes de utilizar este canal para la resolución de averías y la comunicación con el usuario es que el *feedback* con este es lento. Si no se está atento al correo electrónico, puede ser que la solicitud del usuario no sea advertida por el departamento técnico, con lo cual se retrasaría el tratamiento de la incidencia. Asimismo, si el usuario/cliente no está atento a su bandeja de entrada, puede que no se dé cuenta de la existencia de la respuesta por parte de los técnicos.

Desplazamiento del técnico al lugar de la avería

Habrá ocasiones en que los canales de comunicación disponibles no sean suficientes para la resolución de la incidencia, ya sea porque esta requiere la presencia del técnico al ser compleja o porque los canales de comunicación estén inhabilitados.

Cuando el técnico se desplaza al lugar de la avería, tiene que llevar siempre el material necesario para la resolución de la misma *(software*, etc.) para evitar tener que acudir varias veces para la misma incidencia.

Sabía que...

En el entramado empresarial actual, no es raro encontrar una empresa que ubica su departamento técnico en un punto y este da soporte a varios centros de trabajo, inclusive en distintas ciudades.

Al solventar una incidencia en el mismo lugar de la avería, es conveniente tener en cuenta las cuestiones que pueda plantear el usuario/cliente, ya que es muy probable que este se encuentre ahí mientras se repara la avería. Se ha de responder adecuadamente a sus cuestiones con el fin de formarle para la previsión de errores, así como en las cuestiones técnicas que requiera su puesto de trabajo.

Otros canales de comunicación

Alternativamente a los canales mencionados, pueden existir otros canales de comunicación diferentes, tales como chats, vídeo-conferencias, etc.

También se podría considerar un canal de comunicación la herramienta denominada asistencia remota. La asistencia remota son una serie de programas que ofrecen al técnico la posibilidad de tomar el control del ordenador del usuario, así como de observar lo que este hace, de forma remota.

El usuario debe permitir al técnico el acceso remoto y este elegirá si va a tomar el control o simplemente va a monitorizar las acciones que el usuario está realizando en su ordenador.

Otro canal de comunicación muy utilizado es Help Desk. Consiste en un servicio de asistencia a los clientes. Su objetivo es resolver los problemas informáticos a través de la comunicación entre cliente y técnico.

Anteriormente, se usaba el SAC, Servicio de Atención al Cliente, pero el cambio en el comportamiento de los consumidores, unido a una demanda de soluciones cada vez más ágiles, hizo que este quedara obsoleto. De esta forma, el Help Desk se ha consolidado como un método de apoyo más interactivo y eficiente.

Un ejemplo de Help Desk es *Jira,* usado por muchas empresas en sus negocios a diario. Permite al cliente crear demandas, otorgarles prioridades y una comunicación directa con el técnico a través de comentarios.

Aplicación práctica

Redacte un ejemplo de correo electrónico para solicitar al usuario información sobre la avería que le ha comunicado.

Continúa en página siguiente >>

<< Viene de página anterior

SOLUCIÓN

Un correo electrónico válido como plantilla podría ser:

"Buenos días/Buenas tardes:

En el departamento técnico, hemos recibido su correo electrónico en relación a la avería que ha sufrido su ordenador. Le rogamos que nos explique detalladamente los problemas que le está ocasionando para buscar una solución lo más rápidamente posible.

Para cualquier duda que se le presente, el departamento técnico está disponible en la dirección de correo departamentotecnico@empresa.es o en el teléfono 9xx-xxxxxx.

Esperando su respuesta, reciba un cordial saludo.

Nombre del técnico, departamento técnico."

---

4. Formar al usuario en los procedimientos y canales adecuados para la solicitud de servicio y notificación de incidente, así como en las posibles soluciones a aplicar ante la aparición de problemas frecuentes

Como se ha venido resaltando a lo largo de todo el capítulo, la comunicación entre los usuarios y el departamento técnico debe realizarse mediante unos canales establecidos por la empresa. Debido a esto, se debe formar a los usuarios para que utilicen correctamente estos canales de comunicación.

La eficiencia de estos canales está íntimamente ligada a su utilización de forma correcta. El usuario debe saber por qué canal dirigirse al departamento técnico dependiendo de su situación particular y esto se ha de conseguir formando a los usuarios.

Asimismo, se han de poner a disposición de los usuarios que lo soliciten los documentos necesarios para resolver averías frecuentes (por ejemplo un FAQ). Si el usuario siente que puede resolver la avería él mismo utilizando esa información, no será necesario entrar en contacto con el departamento técnico para su resolución. Por el contrario, puede ocurrir que el usuario, por su cuenta, decida intentar arreglar una avería utilizando esta información disponible, pero de manera equivocada. En ese caso, la actuación del usuario solo habrá empeorado la situación.

Teniendo en cuenta las diferentes hipótesis planteadas, se llega a la conclusión de que es necesario formar a los usuarios en la utilización de estas herramientas, al igual que con los canales de comunicación, para maximizar la eficiencia de estas herramientas y disminuir el riesgo de problemas o averías derivadas.

4.1. Formar al usuario para el correcto uso de los canales de comunicación

La formación de los usuarios en la utilización de los canales de comunicación para contactar con el departamento técnico no es más que una serie de consideraciones que el usuario ha de tener en cuenta antes de efectuar una comunicación con el departamento técnico.

Una de las consideraciones que ha de tener el usuario antes de contactar con el departamento técnico es si este tiene las competencias necesarias para la solución de su avería. Por ejemplo, si un usuario advierte que su ordenador no enciende, antes de ponerse en contacto con el departamento técnico deberá cerciorarse de que el problema no sea de suministro eléctrico, ya que si fuese problema de suministro eléctrico, el departamento técnico no abarca ese tipo de incidencias.

El usuario también debe tener en cuenta si la avería le imposibilita a realizar sus funciones en la empresa y ser consciente de que si esa avería no supone un problema para el desarrollo de sus funciones, no será de máxima prioridad para el departamento técnico y deberá esperar el tiempo necesario hasta que los técnicos puedan solucionarla. Se podría poner como ejemplo un usuario que contacta con el departamento técnico porque no puede entrar a una web no relacionada con sus funciones (un diario deportivo, una página de noticias, redes sociales, etc.). Por otro lado, según las normas de cada empresa, el acceso a este tipo de sitios web no relacionados con el desempeño de las funciones del puesto de trabajo puede estar penalizado o ser objeto de sanción por parte de la empresa.

El hecho de visitar determinados sitios web desde el lugar de trabajo puede ser motivo de sanción, dependiendo de las normas internas de cada empresa, e incluso puede constituir un delito si la web es de contenido ilegal.

Utilización de la asistencia remota

La asistencia remota es a la misma vez un canal de comunicación y una herramienta de solución de errores. Esta herramienta permite al técnico acceder al control absoluto del ordenador del usuario, siempre y cuando este lo permita. También permite observar y monitorizar las acciones del usuario en tiempo real, es decir, observar en la pantalla lo que este está realizando en el equipo.

Es una herramienta muy útil cuando el técnico no se puede desplazar a reparar la avería *in situ* y el equipo con la incidencia permite su aplicación.

El usuario en la asistencia remota en sistemas Windows

Para poder utilizar esta herramienta, el usuario debe solicitar la asistencia remota. *Windows* provee en su sistema operativo la posibilidad de solicitar y recibir asistencia remota, llevando a cabo unos sencillos pasos.

En primer lugar, el usuario y el técnico deben disponer de conexión a Internet operativa, ya que es mediante este medio por el cual se conectan los dos ordenadores.

El usuario debe dirigirse al **Panel de control** y, una vez allí, abrir **Solucionar problemas.**

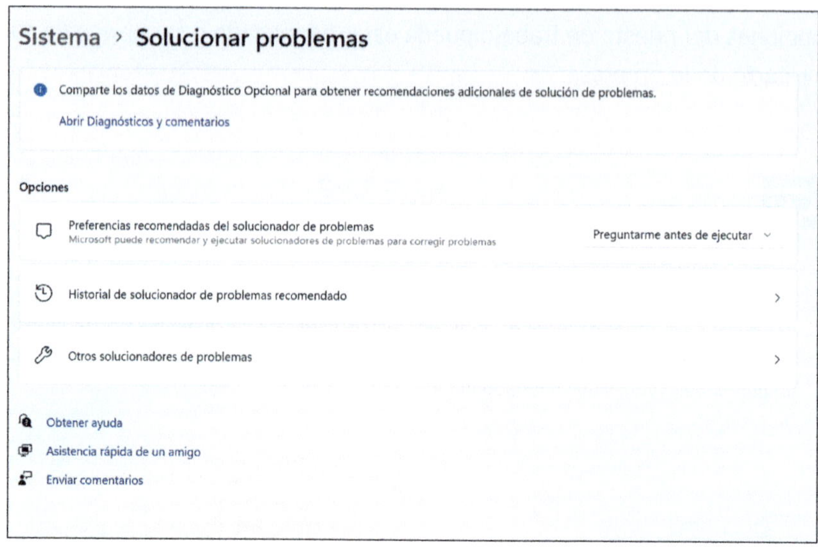

Pantalla principal del Solucionador de problemas de Windows 11

Una vez en esta pantalla, SE debe hacer clic en el botón **Asistencia rápida de un amigo.** Aparecerá la siguiente pantalla:

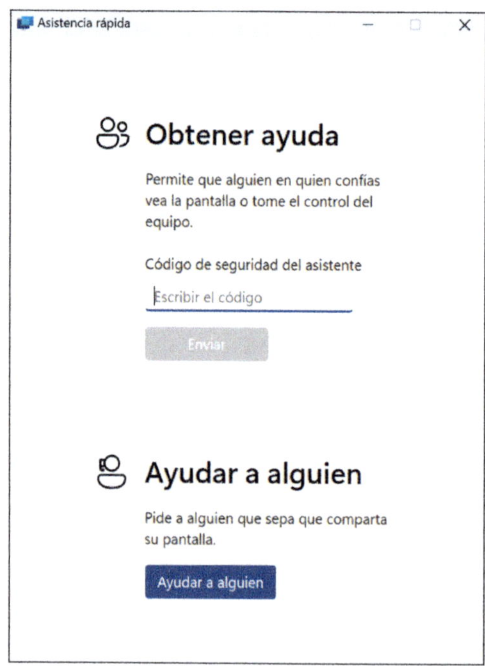

Esta pantalla permite ayudar a alguien o que ayuden a través de un código. Este código debe generarlo el técnico asistente a través del mismo menú en su dispositivo.

El técnico en la asistencia remota en sistemas Windows

Una vez introducido este código, el técnico quedará conectado al dispositivo de manera remota en modo de observación, es decir, verá todo lo que el usuario esté haciendo pero no podrá intervenir.

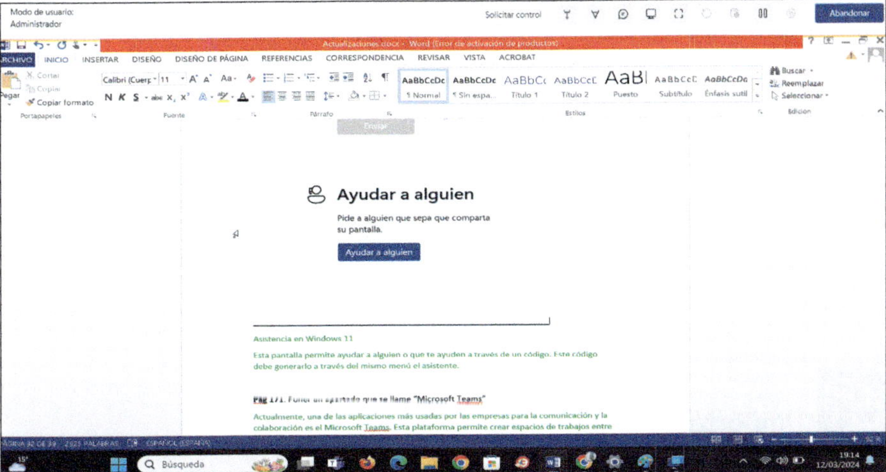

Visión global de la asistencia remota en Windows 11

Como se puede apreciar en la imagen adjunta, la asistencia remota muestra en una ventana la pantalla del ordenador del usuario. En la parte superior de la ventana se encuentra el menú de acciones.

Detalle del menú de acciones de la asistencia remota

El botón **Solicitar control** permite pasar del modo de observación a tomar el control del ordenador del usuario. Es el botón que se ha de presionar si se quiere tomar el control del ordenador para solucionar una avería. Por el contrario, también será el mismo botón que se habrá de presionar para dejar de tener el control del equipo del usuario y volver al modo observación cuando se decida abandonar el control del equipo.

Existen otras opciones de acción como, por ejemplo, el chat para poder establecer comunicación entre ambas partes y el botón de ayuda, donde se abrirá un menú de ayuda de la asistencia remota.

A la hora de usar esta herramienta, hay que tener mucha precaución, ya que cualquier cambio que se realice en el ordenador del usuario surtirá efecto y el técnico dispondrá de control absoluto de ese equipo, pudiendo inclusive apagar el ordenador remotamente.

Hay que hacer especial hincapié en las políticas de privacidad. Al tener control total del equipo del usuario, se tiene acceso a todos los archivos de ese ordenador. Bajo ningún concepto se debe invadir el espacio privado del usuario, ya que se puede incurrir en un delito.

Importante

Cada vez que se vaya a utilizar la herramienta de asistencia remota, el usuario debe crear el archivo de conexión y facilitar la nueva contraseña de acceso.

El usuario en asistencia remota en sistemas Linux

Los sistemas *Linux* también ofrecen la posibilidad de utilizar la herramienta Asistencia remota, pero con diferencias en cuanto a la aplicación frente a los sistemas *Windows.*

Cada distribución de *Linux* ofrece distintas posibilidades. Ante la magnitud de estas, este manual se centrará en la distribución *Ubuntu,* ya que es actualmente una de las más estables y extendidas entre los equipos informáticos.

Las acciones del cliente para autorizar una conexión entrante difieren de las que ha de realizar en los sistemas *Windows.*

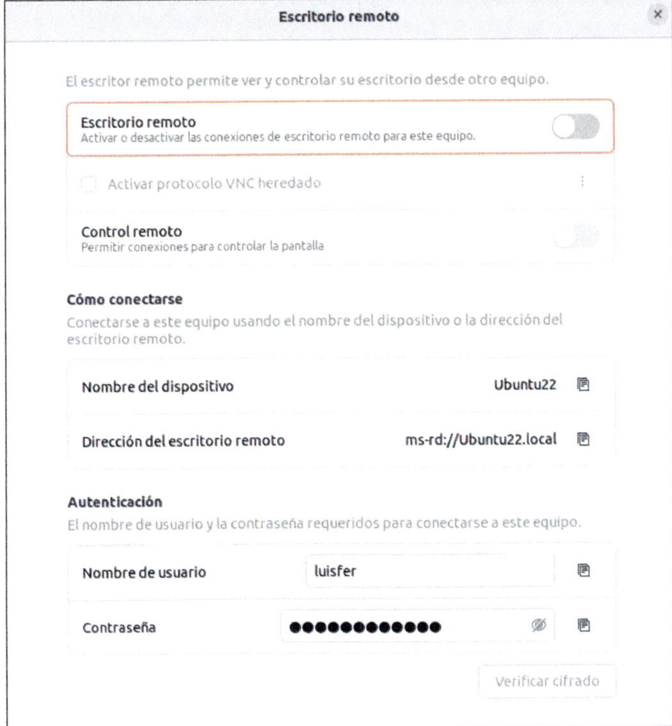

Configuración de escritorio remoto en Ubuntu

En primer lugar, el usuario debe acceder a la configuración del escritorio remoto, ubicada en la ruta **Configuración → Compartir → Escritorio Remoto.** Una vez que se muestre la ventana de configuración, se observará que aparecen varias opciones.

Para cada opción hay una breve descripción de lo que permite configurar. La única opción que aparece descrita es la de **Activar protocolo VNC heredado.** El protocolo Virtual Network Computing (VNC) es un sistema de conexión remota que permite ver el escritorio de un sistema a través de la red de otro equipo. En el equipo desde el cual se quiere servir el escritorio ejecutará el servidor de VNC.

Importante

Cuando el usuario configure estas opciones, es recomendable que esté asesorado por un técnico, ya que, si el usuario no dispone de los conocimientos adecuados, puede dejar el equipo desprotegido ante conexiones entrantes no deseadas.

El técnico en asistencia remota en sistemas Linux

Una vez que el usuario ha configurado las opciones de **Escritorio remoto,** el técnico puede acceder a él utilizando herramientas de control tales como *RealVNC.* Estas herramientas de control son muy intuitivas y, para realizar la conexión al equipo remoto, solo es necesario disponer de la dirección IP pública del equipo al que se quiere acceder.

Es importante que el usuario facilite la dirección IP pública y no confunda esta con la IP privada dentro de la red local (red a la que están conectados entre sí los equipos de la empresa o delegación). Para averiguar esta dirección IP en *Ubuntu,* no hay más que ejecutar el comando **curl ifconfig.me.** Esta sentencia devolverá la IP pública con la que se está saliendo a Internet.

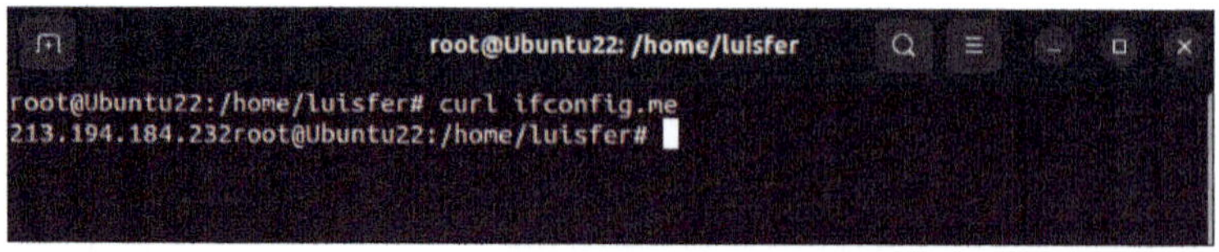

Comando curl en Ubuntu

En el caso de que no se tenga instalado el paquete curl se deberá instalar a través del comando **apt install curl.**

Una vez que el técnico conozca esta dirección, la introducirá en la herramienta de control y accederá al ordenador remoto.

El técnico también deberá disponer de la contraseña de acceso si fuese necesaria.

Microsoft Teams

Una de las aplicaciones más usadas por las empresas para la comunicación y la colaboración es el *Microsoft Teams*. Esta plataforma permite crear espacios de trabajos entre dos o más personas, compartir archivos, así como compartición de pantalla y manejo remoto.

Se puede integrar con otras aplicaciones como *Outlook, Note, Excel* y demás herramientas de *Office 365.*

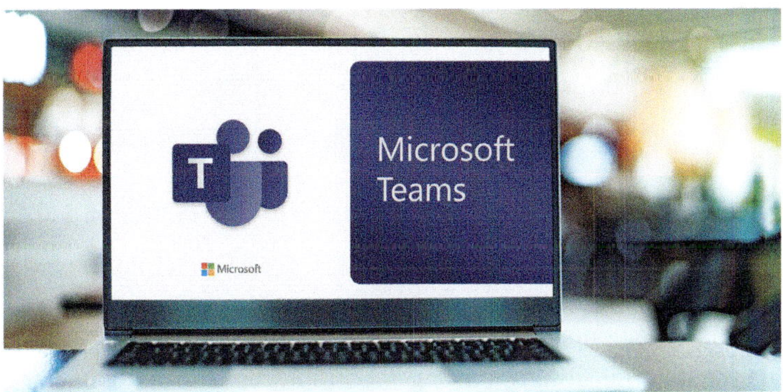

© Fotografía: monticello / Shutterstock.com

4.2. Formar al usuario en la rutina de procedimientos a seguir al detectarse una avería

El usuario debe ser conocedor de la rutina procedimental que ha de seguir en el momento en que detecte una incidencia que afecte a su equipo informático.

Esta formación puede abordarse mediante el uso de los llamados manuales de usuario, en los que el departamento técnico ha de explicar punto por punto los pasos a seguir en caso de detección de una avería.

El primer paso que debe seguir el usuario es comprobar si la avería supone un impedimento para la realización de sus funciones dentro de la empresa.

Una vez se haya comprobado esa cuestión, el usuario debería consultar la información ofrecida por el departamento técnico para la resolución de averías más frecuentes, para descartar que la avería figure como avería frecuente y, en caso de que figure, solucionarla siguiendo los pasos facilitados en la documentación.

En cualquier caso, sea solucionada la incidencia por el usuario utilizando la documentación facilitada o no, el usuario debe informar de la incidencia al departamento técnico, para que este la registre como tal.

Es importante resaltar este último punto, ya que, si las averías solucionadas utilizando la documentación facilitada por el departamento técnico no son registradas, no constarían en ningún documento, dificultando la tarea del departamento técnico a la hora de ampliar la documentación ofrecida o de solucionar averías futuras en ese equipo informático.

4.3. Formar al usuario en la utilización de las herramientas para solucionar averías frecuentes

La documentación sobre las averías frecuentes debe estar a disposición de los usuarios para su utilización. Es importante enseñar a los usuarios a interpretar los documentos, así como a buscar la información que deseen empleando el menor tiempo posible.

Una herramienta bastante útil para los usuarios podría ser un FAQ. Este tipo de herramienta consta de las preguntas más comúnmente formuladas por los usuarios y sus respuestas, así como un listado de las averías más frecuentes detectadas y su correspondiente solución.

Este documento ha de estar escrito en un lenguaje poco técnico, para la correcta comprensión por parte de los usuarios, que son sus destinatarios finales.

Un concepto que los usuarios han de tener muy claro es que las herramientas que el departamento técnico pone a su disposición para consulta y solución de errores no son un sustituto del técnico. Son una herramienta más que pueden utilizar para mejorar sus habilidades y resolver pequeños errores frecuentes, pero la experiencia y el conocimiento de un técnico no son sustituibles por ningún tipo de herramienta externa.

Algunas averías frecuentes

A continuación, se expondrán algunas de las averías frecuentes que pueden afectar a los equipos informáticos, así como su posible solución. Cabe destacar que, aunque a simple vista alguna parezca una avería frecuente, puede darse el caso de que no lo sea, así que conviene investigar su origen para identificarla correctamente:

- **El ordenador va lento:** es probable que, debido al uso, el ordenador comience a ir excesivamente lento. En ese caso, la forma adecuada de abordar la avería es comprobar el uso de la memoria y los procesos en ejecución.
- **El ordenador muestra un aviso de falta de espacio en disco duro:** cuando el disco duro está cerca de estar completamente lleno, el equipo mostrará un aviso para alertar al usuario. Para afrontar esta avería, se ha de comprobar qué aplicaciones instaladas son realmente útiles, para eliminar las que no lo sean y así liberar espacio en el disco. Asimismo, se comprobará que no se estén almacenando datos inútiles, ya que es la principal causa de la excesiva ocupación en disco.
- **Una aplicación no inicia:** en este caso, cuando cualquier aplicación no inicia y muestra un mensaje de error, hay que comprobar el error que muestra. Normalmente, este tipo de error viene dado por un fallo en la aplicación concreta, con lo que una simple reinstalación de la misma puede ser la solución más correcta.
- **El Sistema Operativo no inicia:** esta es una avería que viene provocada por un fallo en el SO. En la mayoría de los casos requiere una reinstalación de este para que vuelva a funcionar correctamente. En cualquier

caso, la aparición de esta avería imposibilita trabajar con el equipo, con lo cual debe ser notificada inmediatamente al departamento técnico para que proceda con el protocolo de actuación establecido.

Estas son algunas de las averías que aparecen frecuentemente en los equipos informáticos. Aunque el usuario sepa resolverlas, se han de comunicar al departamento técnico para su inclusión en la base de datos de conocimiento, así como para proceder a la intervención de un técnico si fuese necesario.

Aplicación práctica

Un usuario le solicita asesoramiento para configurar el escritorio remoto de su ordenador, que funciona con Ubuntu Linux. El usuario solo quiere que usted acceda a ese ordenador para revisar una avería sin importancia relevante y no desea repetir la conexión remota de forma periódica. Indique los pasos que seguiría para asesorar correctamente al usuario.

SOLUCIÓN

En primer lugar, al usuario habrá que indicarle la ubicación de la configuración del escritorio remoto, que es Sistema → Preferencias → Escritorio remoto.

Seguidamente, habrá que indicarle qué opciones debe marcar y cuáles no. Como desea que la conexión sea única y para solucionar un error, deberá permitir la visualización y el control del escritorio, así como la confirmación de acceso y contraseña (para evitar conexiones no deseadas). También es recomendable que active la configuración automática de la red y el aviso en área de notificación para saber cuándo termina la conexión remota.

Una vez lo tenga configurado, el usuario debe facilitar la IP pública utilizando el comando curl ifconfig.me al técnico.

Terminados estos pasos, el equipo estará perfectamente configurado para aceptar una conexión entrante desde un equipo remoto.

Actividades

5. Describa qué es un canal de comunicación entre usuario y técnico.
6. Indique si sería correcto o no y por qué decirle a un cliente esta frase por teléfono: "El error causado ha sido culpa tuya, que has tocado algo en el *msconfig* sin saber y has eliminado programas del inicio del sistema".
7. ¿Sería correcto no incluir una avería solucionada por el usuario utilizando un FAQ dentro del registro de incidencias y la base de datos de conocimiento? Razone la respuesta.
8. Explique brevemente en qué consiste la asistencia remota entre equipos informáticos.

5. Resumen

La atención al usuario es un concepto al que hay que prestar especial atención, ya que no solo se trata de solucionar los problemas técnicos de los equipos informáticos. Detrás de cada equipo hay una persona que merece todo el respeto y el buen hacer del equipo técnico. Una mala atención a un cliente puede suponer quejas e incluso la negativa de ese usuario a volver a llamar al equipo técnico al detectar un problema, lo que puede ocasionar un mal funcionamiento permanente del equipo informático.

También es labor del equipo técnico registrar las incidencias y priorizar la solución de estas. Es recomendable que al registrarlas se realice un pequeño cuestionario al usuario que notifica la incidencia para ir obteniendo información que pueda ser útil a la hora de solucionar la avería. Asimismo, cuanta más información se disponga, más fácil será establecer el orden de prioridad de solución de incidencias, ya que se podrá vislumbrar cuáles son las más graves y cuáles pueden esperar un poco.

Para registrar las incidencias en la base de datos de conocimiento, se podrían utilizar herramientas tales como los formularios de la base de datos, que no son más que pantallas de introducción/consulta/modificación de datos. El diseñador será el que establezca su función y sus capacidades.

Una vez que la incidencia quede registrada en la base de datos de conocimiento, se procederá a informar al usuario del estado de su incidencia, así como a la reparación. Para ello, se ha de contar con los canales de comunicación, que no son más que vías comunicativas entre usuarios y técnicos. Hay diferentes canales de comunicación (teléfono, correo electrónico, etc.), así como la Asistencia remota o el Escritorio remoto, que permiten al técnico monitorizar y tomar el control del ordenador del usuario para solucionar las averías sin necesidad de desplazarse personalmente. Debido a la naturaleza de este canal, no se podrá utilizar para solucionar todas las averías, pero resulta muy útil cuando el equipo técnico y el usuario se encuentran en diferentes puntos geográficos.

El usuario también debe ser formado en cómo utilizar las vías de comunicación disponibles para optimizar la eficiencia de estas y además debe saber cómo utilizar las herramientas que el departamento o equipo técnico pone a su disposición para solucionar las averías frecuentes, siempre teniendo en cuenta que son elementos de apoyo y no herramientas sustitutivas de un técnico.

Ejercicios de repaso y autoevaluación

1. Defina brevemente cuáles son las funciones del informático en el organigrama de la empresa.

2. Nombre y explique con brevedad qué preguntas es recomendable realizar al usuario cuando contacta con el departamento técnico para la solución de una avería.

3. ¿En qué consiste la priorización de las solicitudes de los usuarios?

4. ¿Qué diferencias existen entre un formulario de introducción de datos y uno de modificación de datos?

5. **De las siguientes afirmaciones, diga cuál es verdadera o falsa.**

   a. Los formularios son una herramienta exclusiva de *MS Access.*

      - ☐ Verdadero
      - ☐ Falso

   b. Un formulario solo puede ser creado mediante el modo Vista diseño.

      - ☐ Verdadero
      - ☐ Falso

   c. Un formulario puede contener en sí mismo otros subformularios.

      - ☐ Verdadero
      - ☐ Falso

   d. Los formularios solo se pueden enlazar a tablas.

      - ☐ Verdadero
      - ☐ Falso

6. **Indique qué normas de cortesía se han de utilizar a la hora de comunicarse con un cliente/usuario.**

   ____

   ____

   ____

   ____

7. **Defina brevemente los siguientes conceptos.**

   a. Canal de comunicación.
   b. Asistente para formularios.
   c. Modo vista diseño.
   d. Barra inferior de formularios de *MS Access.*

8. ¿Qué ventajas aporta la asistencia remota o el escritorio remoto frente al desplazamiento del técnico al lugar de la avería?

9. Explique por qué se ha de formar al usuario en el uso de los canales de comunicación.

10. Nombre las acciones que debe realizar el usuario para solicitar asistencia remota en sistemas *Windows*.

11. Relacione los siguientes conceptos formando un pequeño texto: asistencia remota, escritorio remoto, usuario, herramientas de control.

12. ¿Qué papel desempeñan las herramientas de solución de problemas frecuentes?

13. Relacione los siguientes conceptos:

a. Escritorio remoto.
b. Asistencia remota.
c. FAQ.
d. IP Pública.

__ *Windows.*
__ Documentación.
__ Internet.
__ *Linux.*

14. Indique en pocas palabras por qué es necesario formar a los usuarios en el uso de herramientas de solución de averías frecuentes.

____
____
____
____

15. Determine por qué es importante contar con más de un canal de comunicación entre técnicos y usuarios.

____
____
____
____

Capítulo 6

Actualizar el sistema, manteniéndolo al día en las versiones adecuadas a las funcionalidades requeridas por las necesidades, y a los requisitos de seguridad del sistema

Contenido

1. Introducción
2. Actualizar el sistema operativo
3. Actualizar las aplicaciones
4. Parchear el sistema operativo
5. Parchear las aplicaciones
6. Resumen

1. Introducción

El mundo informático avanza a una velocidad vertiginosa. Tanto *hardware* como *software* evolucionan a un ritmo endiablado que provoca la rápida obsolescencia de los componentes físicos con respecto al *software* y viceversa.

Mantener el sistema actualizado permite que este pueda realizar todas las funciones que se le exijan en un momento dado y por ello es de vital importancia para sacarle el máximo partido tanto al ordenador como al usuario que lo maneje.

A la hora de actualizar el *software* del sistema, hay que diferenciar dos conceptos muy importantes: el sistema operativo y el *software* o aplicaciones instaladas.

El sistema operativo es el *software* que facilita el entorno en el que se desarrollan y ejecutan el resto de aplicaciones instaladas. Es un componente básico en cualquier ordenador y es el medio por el cual el usuario interactúa con el ordenador. Si el sistema operativo no se encuentra actualizado, pueden aparecer problemas de incompatibilidades con *hardware* o *software,* impidiendo que estos trabajen correctamente.

Por otro lado, las aplicaciones instaladas son aquellos programas que realizan funciones en el ordenador. Hay infinidad de aplicaciones, cada una con sus características y peculiaridades, pero todas tienen un punto en común: están supeditadas al dominio del sistema operativo. Es decir, una aplicación diseñada para funcionar en *Windows 11* es probable que no funcione en un sistema *Linux* e incluso en versiones anteriores del propio *Windows.* Esto es debido a las diferencias internas de funcionamiento entre los diferentes sistemas operativos.

Por este motivo, es importante mantener el sistema operativo actualizado, ya que, por norma general, las últimas versiones de las aplicaciones están diseñadas para trabajar en el último sistema operativo que haya en el mercado. Manteniendo el sistema operativo y las aplicaciones actualizadas, se podrá sacar todo su potencial.

2. Actualizar el sistema operativo

La actualización del sistema operativo es un proceso que se ha ido haciendo cada vez menos complejo con el paso de los años. Asimismo, también ha aumentado la frecuencia con la que se publican nuevas actualizaciones.

Al actualizar el sistema operativo se le agregan nuevas funcionalidades a este, como soporte para nuevo *hardware,* optimización en cuanto al uso de los recursos disponibles o nuevas funciones que antes no aparecían.

Es recomendable realizar una copia de seguridad de los datos más importantes antes de proceder a la actualización del sistema operativo, ya que es un proceso delicado y, aunque es poco probable, puede dañar la estabilidad del equipo o requerir un formateo de este para que la nueva actualización se aplique correctamente.

Definición

Formatear un ordenador
Proceso mediante el cual se eliminan todos los datos y aplicaciones del disco duro, incluyendo el sistema operativo. Este proceso deja el ordenador completamente vacío y es una solución cuando el sistema operativo presenta errores graves por corrupción o falta de archivos. Una vez que el proceso de formateo se ha completado, se procederá a instalar el sistema operativo elegido y las aplicaciones correspondientes.

2.1. Actualizar Windows

Los sistemas operativos *Windows* son los más comunes que se encuentran en los equipos informáticos. El sistema de Microsoft está estandarizado prácticamente desde la irrupción de los PC, es decir, cuando los ordenadores comenzaron a llegar a las casas para uso personal.

La principal característica que los situó como el estándar fue el desarrollo de la interfaz gráfica en *Windows 3.1,* una característica que nunca se había visto hasta la aparición de este sistema operativo. Sus predecesores funcionaban en el sistema de línea de comandos, es decir, el sistema operativo se utilizaba introduciendo mediante teclado las órdenes para copiar archivos, ejecutar aplicaciones, etc.

La aparición de la interfaz gráfica (de la mano del ratón) supuso un salto enorme en cuanto a la usabilidad de los ordenadores, ya que con un simple movimiento del ratón y acciones básicas con este, se podía utilizar un ordenador, cosa que antes estaba reservada a las personas con conocimientos más avanzados, debido a la complejidad de las líneas de comando de los sistemas operativos anteriores.

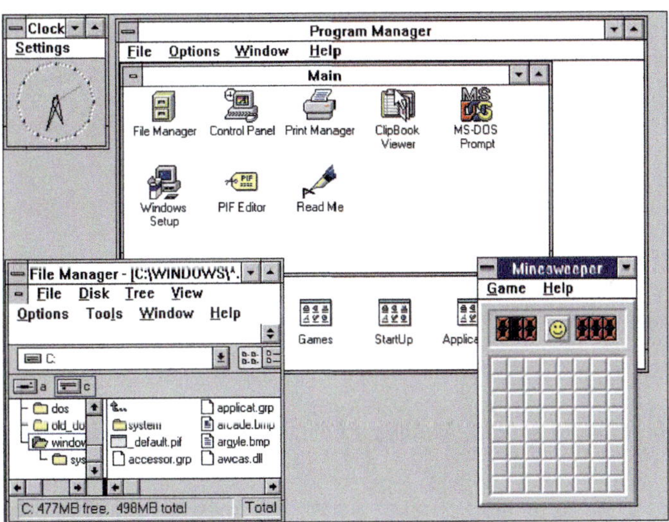

Ejemplo de pantalla de Windows 3.1

Esta característica, en su momento revolucionaria, se convirtió en la base en la que se desarrollaron los posteriores sistemas operativos hasta nuestros días, donde poco a poco el ratón va perdiendo terreno a favor de las pantallas táctiles, pero manteniendo el mismo sistema gráfico.

En la actualidad, los sistemas *Windows* son muy utilizados en sus últimas versiones: *Windows 7, Windows 8* y *Windows 11.*

Actualizar Windows 7

Desde hace unos años, Microsoft incorpora en sus sistemas operativos una característica denominada **Actualizaciones automáticas.** Las actualizaciones automáticas se encargan de revisar periódicamente la existencia de nuevas actualizaciones del sistema en Internet, descargarlas e instalarlas en el equipo.

Nota

Cada cierto tiempo, Microsoft publica un compendio de todas las actualizaciones publicadas creando un *Service Pack* (SP). Estos SP se integran junto con el sistema operativo en las posteriores ediciones. Así, se encuentra por ejemplo *Windows 7 SP2,* que no es más que *Windows 7* con todas las actualizaciones publicadas hasta la creación del *Service Pack 2.*

Las actualizaciones automáticas son totalmente configurables desde el mismo momento en el que el sistema operativo es instalado.

Configuración de actualizaciones automáticas en Windows 7

Para configurar las actualizaciones automáticas en *Windows 7,* se ha de acceder al centro de configuración de *Windows Update.* Este se encuentra en la ruta **Panel de control → Windows Update.**

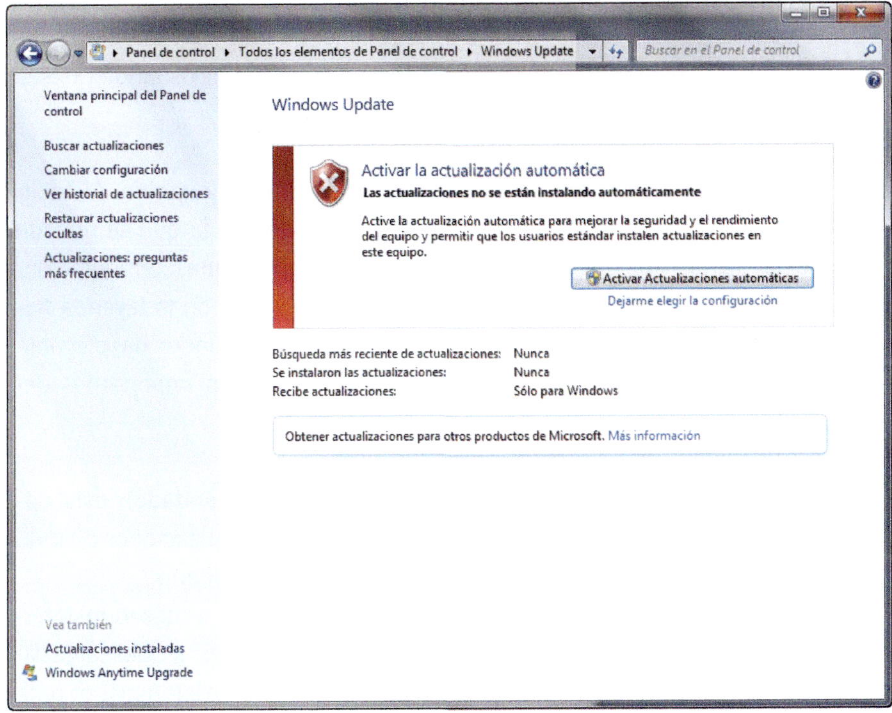

Centro de configuraciones de Windows Update

Una vez el centro de configuración esté en pantalla, se pueden observar diversas opciones, así como el estado de las actualizaciones automáticas (activado o desactivado).

En la barra lateral izquierda, se observan varias opciones, que se pasan a detallar.

La primera de ellas es **Ventana principal del panel de control.** Al pulsarla, se vuelve a la raíz de **Panel de control.** No tiene ningún efecto sobre la configuración de las actualizaciones y es un mero elemento de navegación.

La segunda opción, **Buscar actualizaciones,** permite comprobar manualmente si existen actualizaciones disponibles para el sistema operativo. Es utilizado sobre todo si la configuración que se ha aplicado en las actualizaciones automáticas no permite la búsqueda automática de estas. Una vez se haga clic en este botón, el ordenador contactará con los servidores de actualizaciones y comprobará si el ordenador cuenta con las últimas actualizaciones instaladas. En caso negativo, preguntará al usuario si desea descargar e instalar dichas actualizaciones.

Seguidamente, se encuentra la opción **Cambiar configuración.** Al hacer clic en esta opción, se despliega una nueva ventana en la que se pueden observar varias opciones seleccionables para aplicar una configuración. En la parte central, se muestra un cuadro desplegable con la leyenda **Actualizaciones importantes** en su parte superior. Este cuadro desplegable permite elegir cómo actuar frente a las actualizaciones importantes del sistema operativo con las siguientes opciones:

- **Instalar actualizaciones automáticamente (recomendado):** esta opción descarga e instala automáticamente las actualizaciones cuando se encuentren disponibles, sin consultar con el usuario.
- **Descargar actualizaciones, pero permitirme elegir si deseo instalarlas:** al seleccionar esta opción, las actualizaciones se descargarán automáticamente, pero requerirá la aprobación del usuario para aplicarlas en el sistema.
- **Buscar actualizaciones, pero permitirme elegir si deseo descargarlas e instalarlas:** esta opción busca las actualizaciones disponibles, pero para descargarlas e instalaras se requiere la aprobación del usuario.
- **No buscar actualizaciones (no recomendado):** por último, esta opción desactiva la búsqueda de actualizaciones automática, lo que deja el equipo a criterio del usuario en cuanto a actualizaciones se refiere, es decir, que habrá que buscarlas manualmente.

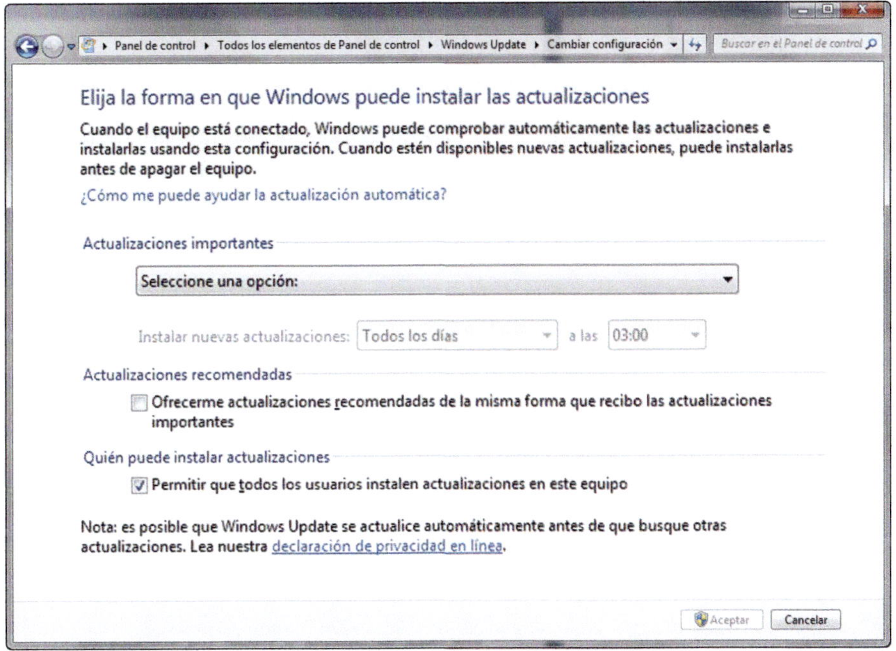

Pantalla de configuración de actualizaciones automáticas de windows 7

En la parte inferior de este cuadro desplegable, se observan dos cuadros desplegables más, que estarán activos si la opción **Instalar actualizaciones automáticamente** se encuentra seleccionada. Estos cuadros permiten elegir la periodicidad de la búsqueda e instalación de actualizaciones. El primero de ellos permite elegir qué días se ejecutará la búsqueda (todos los días o todas las semanas, el dia que se seleccione), mientras que el segundo cuadro permite elegir la hora del día a la que se realizará la búsqueda. Es recomendable seleccionar una hora a la que normalmente el ordenador no esté realizando operaciones importantes (si es en una empresa, por ejemplo puede ser la hora del almuerzo), ya que puede requerir reinicios del sistema y entorpecer la dinámica de trabajo del usuario.

Una vez que se ha configurado la periodicidad de las actualizaciones importantes, la siguiente opción de configuración permite elegir si se desea aplicar la misma configuración a las denominadas **Actualizaciones recomendadas,** que son actualizaciones del sistema que tienen un nivel de importancia inferior a las importantes. Es decir, las actualizaciones recomendadas no subsanan errores importantes para el equipo, como puede ser el caso de las actualizaciones importantes (cambio en directrices de seguridad para cerrar las llamadas *backdoors* o puertas traseras, por ejemplo). Si esta opción está seleccionada, a la vez que se busquen actualizaciones importantes, se buscarán también actualizaciones recomendadas.

Nota

En el diseño de los sistemas operativos, a veces quedan unos agujeros de seguridad que permiten la entrada de usuarios remotos no deseados en el equipo. Estos agujeros de seguridad reciben el nombre de *backdoors* o puertas traseras. Sin embargo, para tranquilidad de todos los usuarios de estos sistemas operativos, las puertas traseras suelen tener un difícil acceso y solo pueden atravesarlas usuarios muy expertos (los denominados *hackers*).

La última opción que aparece en la configuración de actualizaciones viene acompañada del título **Permitir que todos los usuarios instalen actualizaciones en este equipo.** *Windows 7* trabaja utilizando usuarios, es decir, sesiones de trabajo en las que el usuario tiene unos privilegios o derechos sobre los datos del ordenador. Normalmente, existen dos usuarios siempre en un equipo con *Windows 7:* el denominado usuario normal y el administrador. Por supuesto, siendo administrador se pueden crear tantos usuarios como se deseen y cada uno tendrá su propia carpeta de documentos, así como su propio escritorio, y accederá a los programas y aplicaciones que estén instalados en su sesión.

Esta opción permite que cualquier usuario, seas cuales sean sus funciones y privilegios de cara al sistema, pueda descargar e instalar las actualizaciones. Si no, solo podrán ser instaladas por usuario de tipo administrador o por el administrador del sistema en sí.

De vuelta al panel de control de *Windows Update,* la siguiente opción que se observa es **Ver historial de actualizaciones.** Al hacer clic, se despliega una nueva ventana con todas las actualizaciones instaladas en el equipo, así como su carácter (importante o recomendada) y la fecha en la que se realizó.

La opción **Restaurar actualizaciones ocultas** permite consultar el listado de actualizaciones del sistema para reinstalarlas si existiese algún problema que se solucionase de esta forma.

Por último, existe la opción **Actualizaciones: preguntas más frecuentes.** Esta opción abre la ayuda de *Windows* y redirige al usuario a un FAQ donde se explican los problemas más comunes de las actualizaciones, así como sus posibles soluciones.

Aplicación práctica

Configure las actualizaciones automáticas de *Windows 7* para que busque y descargue estas automáticamente. Además, cualquier usuario debe poder instalarlas y estas no pueden instalarse automáticamente.

SOLUCIÓN

En primer lugar, habrá de dirigirse al Panel de control de actualizaciones del sistema operativo. Debe verificar que las actualizaciones automáticas se encuentran activadas. A continuación, debe elegir la opción Descargar actualizaciones, pero permitirme elegir si deseo instalarlas. Una vez este paso comprobado, se ha de marcar la casilla Permitir que todos los usuarios instalen actualizaciones en este equipo, para autorizar a cualquier usuario a instalarlas.

Actualizar Windows 8

La versión más reciente de *Windows,* la versión 8, presenta cambios con respecto a su predecesor en múltiples aspectos. Se puede acceder a *Windows Update* siguiendo la ruta **Panel de control → Sistema y seguridad → Windows Update** o mediante **Inicio → Todos los programas → Windows Update.**

La configuración de las actualizaciones automáticas es prácticamente idéntica a la vista en su predecesor, con lo que está de más volver a repetir conceptos idénticos.

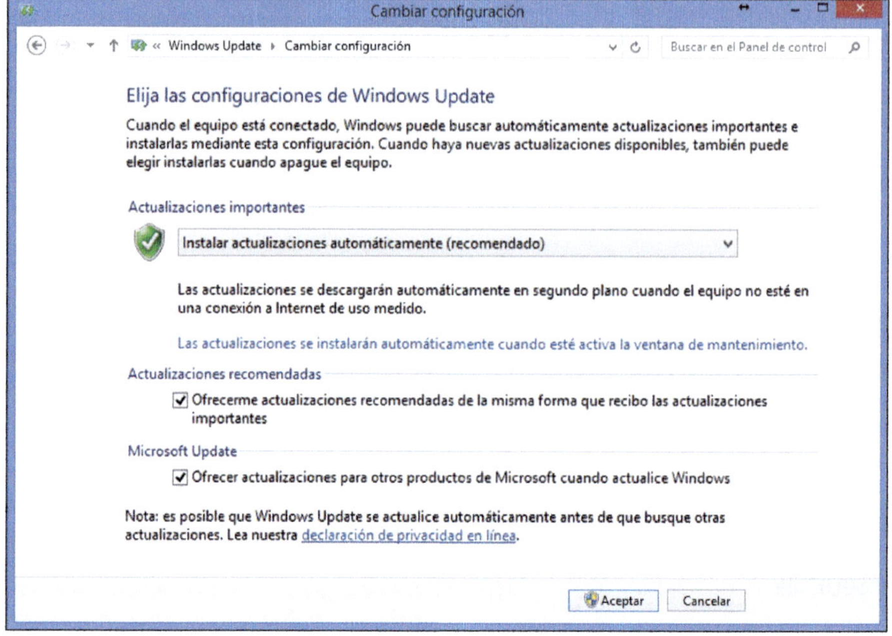

Configuración de Windows Update en Windows 8 (obsérvese la nula diferencia entre Windows 8 y su predecesor)

Actualizar Windows 11

En la versión 11 de *Windows* podemos acceder a *Windows Update,* escribiéndolo en la barra de búsqueda de *Windows.*

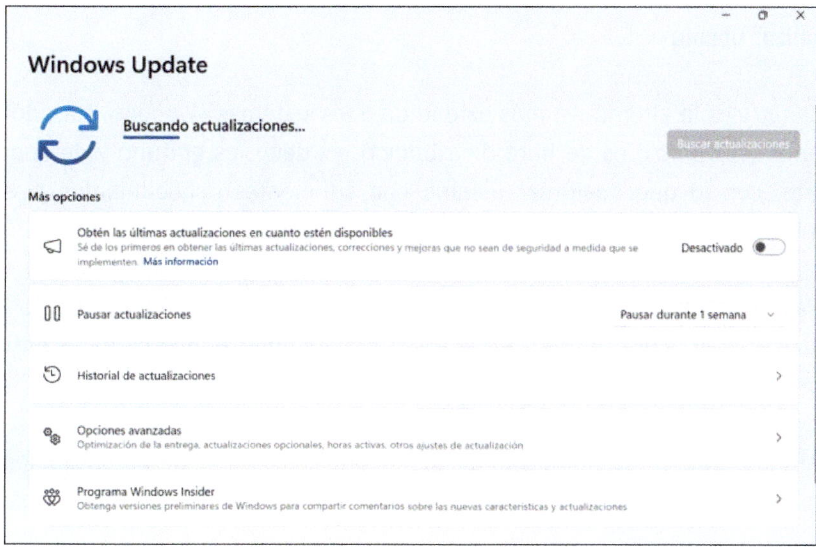

Dentro de este menú podemos realizar acciones como comprobar el estado del PC, configurar las actualizaciones automáticas o actualizar a la última versión. Al entrar en **Opciones Avanzadas** hay más opciones sobre las actualizaciones.

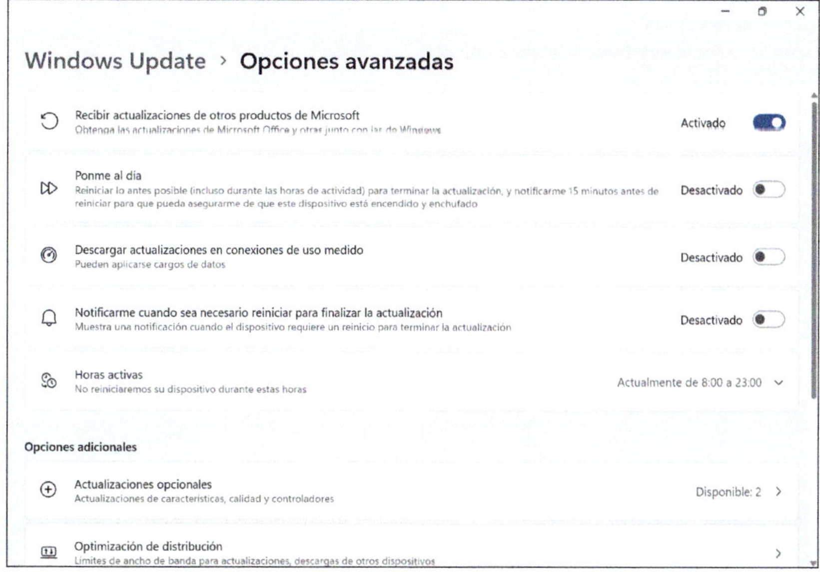

Actualizar Ubuntu

Ubuntu es la alternativa más extendida a los sistemas *Windows.* Basado en sistema *Unix/Linux,* es de libre distribución, es decir, es gratuito y de código abierto, con lo que cualquier usuario con suficientes conocimientos puede intentar mejorarlo.

Para actualizar *Ubuntu,* se utilizará una herramienta denominada Gestor de actualizaciones. Esta se ubica en la ruta **Configuración → Acerca de → Actualizaciones de software.**

Al igual que en su homólogo de Microsoft, este gestor de actualizaciones permite buscar las actualizaciones disponibles para el sistema e instalarlas.

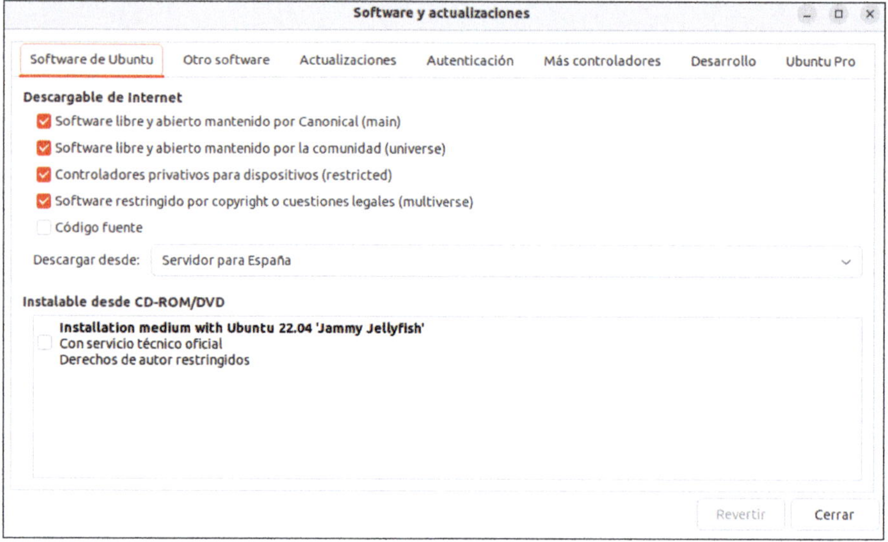

Gestor de actualizaciones de Ubuntu

3. Actualizar las aplicaciones

Al igual que es recomendable mantener actualizado el sistema operativo para sacarle el máximo partido al ordenador, es importante mantener las aplicaciones actualizadas por el mismo motivo.

Una aplicación, sea de la índole que sea, va ampliando sus funciones con la instalación de actualizaciones, así como solucionando *bugs* (errores) que hayan sido detectados a posteriori del lanzamiento de este.

3.1. Actualizar las aplicaciones en *Windows 7*

Windows 7 no cuenta con un actualizador de aplicaciones propiamente dicho, por lo que, para mantener las aplicaciones instaladas actualizadas a la última versión, se debe hacer desde cada *software* en particular.

Normalmente, en el menú **Ayuda** de cada aplicación se puede acceder a la información de la versión que está instalada. Una vez se conozca la versión del programa, se ha de buscar en Internet si es la última versión y, en caso de que no lo fuera, contactar con el servicio técnico para la obtención de la última actualización.

Por otro lado, muchos programas automáticamente buscan actualizaciones de sí mismos al ejecutarse. Si este fuese el caso, una ventana de aviso alertaría de la existencia de actualizaciones y preguntaría si se desean descargar e instalar en ese momento.

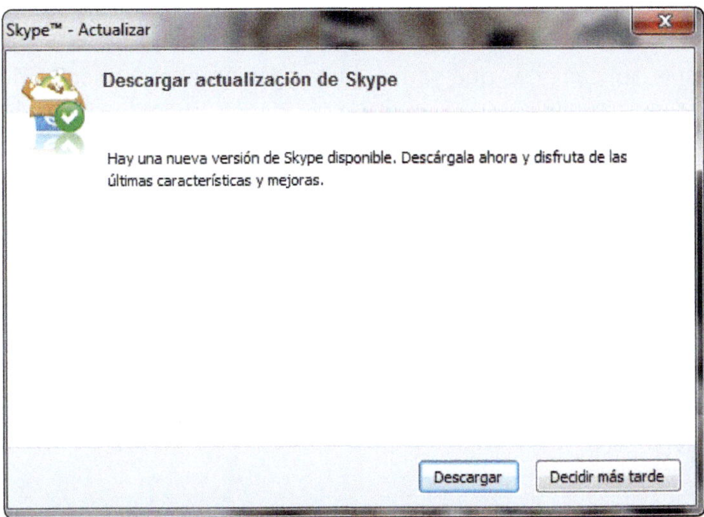

Ejemplo de ventana de aviso de actualización en un programa en Windows 7

3.2. Actualizar las aplicaciones en Windows 8

Windows 8 cuenta con la denominada **Tienda de aplicaciones.** Esta tienda es utilizada por los usuarios para descargar aplicaciones gratuitas, así como para comprar otro tipo de aplicaciones. Desde esta tienda se pueden mantener actualizadas las aplicaciones compradas y descargadas mediante ella, siguiendo unos sencillos pasos.

En primer lugar, se ha de acceder a la tienda clicando en su botón correspondiente y, una vez ahí, desplegar la barra lateral de *Windows 8.* Una vez aparezca, se ha de hacer clic en **Configuración** y, a continuación, en **Actualización de aplicaciones.**

La ventana que se abrirá permitirá elegir si se activa o desactiva la descarga automática de actualizaciones para el *software* instalado.

Asimismo, para otro tipo de *software,* basta con seguir las mismas directrices que en *Windows 7,* ya que no difieren en absoluto.

3.3. Actualizar las aplicaciones en Windows 11

Windows 11 posee la denominada *Microsoft Store.* Una plataforma que provee un catálogo de aplicaciones centralizado y seguro. En ella se pueden actualizar las aplicaciones que ya hay instaladas en el ordenador o descargar la que se desee. Algunas de estas aplicaciones son gratuitas y otras de pago.

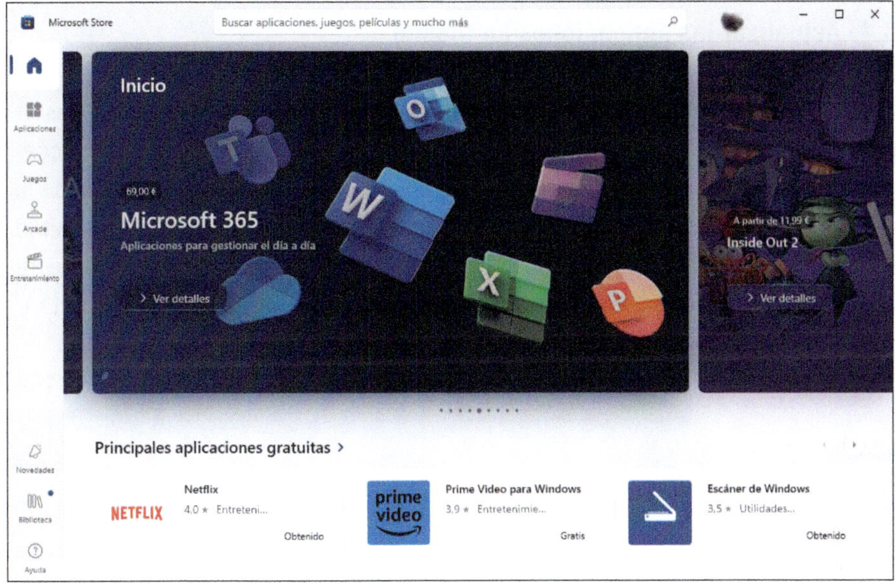

Al acceder al apartado de **Biblioteca** saldrán las aplicaciones que hay instaladas; se pueden obtener sus actualizaciones desde ahí.

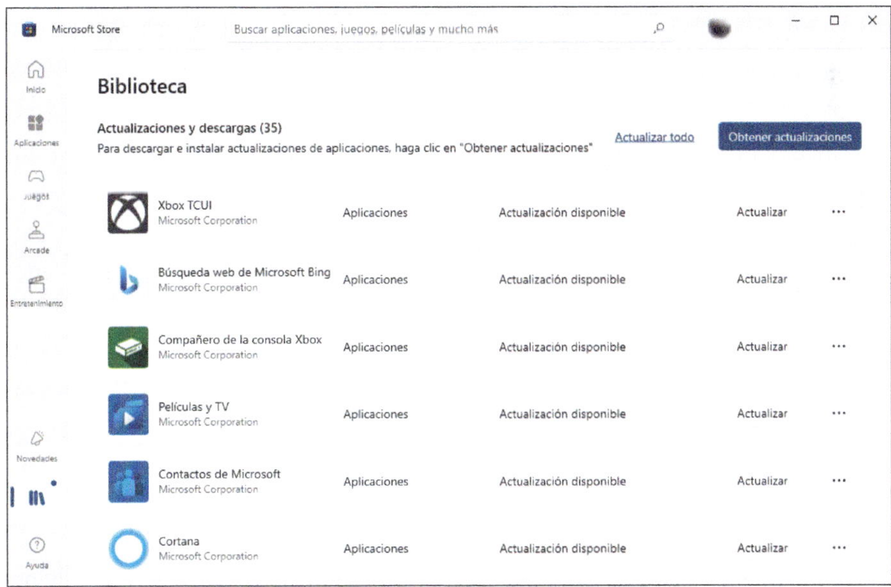

3.4. Actualizar las aplicaciones en Ubuntu

Las aplicaciones en *Ubuntu* se pueden gestionar a través del mismo **Gestor de actualizaciones** que se utiliza para actualizar el sistema operativo. Al acceder a él, el listado de aplicaciones instaladas se desplegará y, seleccionando la aplicación deseada, se podrá verificar si existe alguna actualización disponible de esa aplicación utilizando el botón **Comprobar.** Asimismo, cuando se detecte que existe una actualización, se podrá instalar desde el mismo gestor, apretando el botón **Instalar actualizaciones.**

Actividades

1. Explique la importancia de mantener actualizado el sistema operativo.
2. ¿Qué diferencia existe entre actualizar el sistema operativo y actualizar las aplicaciones?
3. Nombre los elementos que aparecen en la barra lateral izquierda del *Microsoft Store.* ¿Cuál de ellos permite acceder a las aplicaciones que hay instaladas en el dispositivo?

4. Parchear el sistema operativo

Para entender el concepto de parchear el sistema operativo, hay que saber diferenciar entre lo que se considera un parche y una actualización. En general, las actualizaciones están desarrolladas por el equipo de programación responsable de la creación de un *software,* mientras que un parche puede estar desarrollado por un equipo de programación (o programador individual) externo al proyecto.

Un parche no es más que un conjunto de datos que, al aplicarlos al *software* para el que están diseñados, agregan funcionalidades o subsanan errores en el *software.* Existen diferentes tipos de parches a aplicar en una aplicación. Se pueden distinguir los siguientes tipos:

- **Parches de depuración:** utilizados para reparar un error o errores existentes en el programa y que no se han solucionado en su fase de desarrollo.

- **Parches de seguridad:** tienen la función de aumentar la seguridad del programa, solucionando los denominados agujeros de seguridad.
- **Parches de actualización:** contienen pequeñas actualizaciones para el programa.
- **Parches de traducción:** en ocasiones, el *software* no cuenta con selección de idioma al instalarlo (normalmente, este idioma es el inglés). Con este tipo de parches se añade la posibilidad de traducir la aplicación al idioma deseado.
- **Parches de piratería:** son de carácter ilegal, ya que permiten ampliar las funciones de un programa en versión de prueba (que suelen ver limitado su uso por tiempo o impiden alguna de sus funciones). Con este tipo de parches, la versión "capada" gratuita se convierte en la versión completa, sin comprar el programa.

Resumidamente, un parche es una pequeña actualización muy concreta para un sistema operativo o una aplicación.

Importante

Antes de aplicar cualquier parche y, sobre todo cuando no se trate de un parche oficial, recuérdese escanear el archivo descargado con un antivirus actualizado. Es posible que el archivo sea una falsificación y contenga algún virus.

4.1. Parchear Windows

Aplicar parches para *Windows* es bastante sencillo. Prácticamente la totalidad de los parches para sistemas *Windows* son archivos ejecutables, con lo cual basta con realizar doble clic en el archivo del parche y seguir las instrucciones que aparecen en pantalla.

Una vez que se ha obtenido el archivo (si es un parche oficial como *.NET Framework,* se descargará del sitio web de Microsoft), se ejecuta al hacer doble clic sobre el archivo.

En ese momento, se mostrarán en pantalla las instrucciones para instalar el parche. En ocasiones, el archivo descargado no es el parche en sí, sino un enlace que descarga el contenido del parche y posteriormente lo aplica, como en el caso de *.NET Framework.*

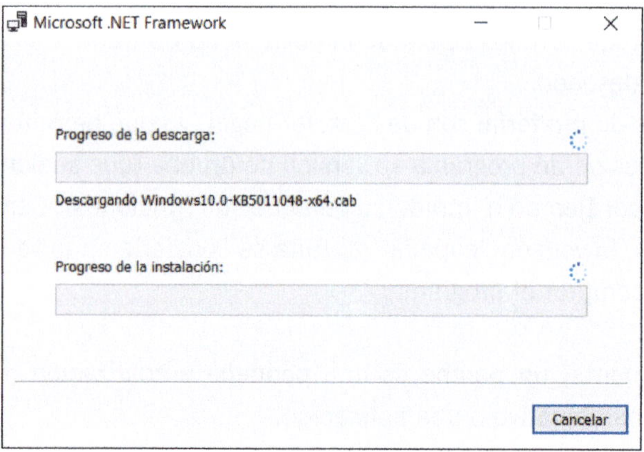

Descarga e instalación de un parche para Windows 11

Una vez seguidas las instrucciones que se muestran por pantalla, el parche será aplicado. Es posible que requiera reiniciar el ordenador para terminar la instalación del parche, ya que ha de modificar elementos en el inicio del sistema. En ese caso, la instalación finalizará cuando reinicie el equipo.

Aplicación práctica

Redacte un correo electrónico de ejemplo en el que dé las instrucciones necesarias para instalar un parche de seguridad de Windows a un usuario.

SOLUCIÓN

Un correo electrónico válido como ejemplo podría ser el siguiente:

Continúa en página siguiente >>

<< Viene de página anterior

"Estimado usuario/a:

Se ha descubierto recientemente un fallo de seguridad en el sistema operativo que utiliza su ordenador y puede comprometer la estabilidad de su equipo.

En primer lugar, descargue el archivo que encontrará en la siguiente página web: <http://www.direccionwebejemplo.es>.

Una vez esté descargado, cierre todas las aplicaciones abiertas, ejecútelo y siga las instrucciones que aparecen en pantalla.

Cuando haya terminado ese proceso, reinicie el equipo y el error estará solucionado.

Si encuentra algún problema, póngase en contacto con el departamento técnico lo más rápidamente posible.

Un saludo."

4.2. Parchear Ubuntu

En *Ubuntu* (y en los sistemas *Linux* en general), el uso de parches es más común que en los sistemas *Windows.* Esto se debe a que, al ser un sistema de libre distribución, los usuarios crean sus propios parches y los comparten con la comunidad. Normalmente, los parches que crean los usuarios son para temas muy específicos, como por ejemplo optimizar los *drivers* de una tarjeta gráfica determinada.

En los sistemas *Linux,* los parches funcionan añadiendo o modificando líneas de código en el denominado *kernel.* El *kernel* es el núcleo del sistema operativo, donde se encuentran todas las instrucciones de funcionamiento.

Para poder añadir o modificar estas líneas al *kernel,* este tiene que ser descompilado, agregarse las nuevas líneas y luego volver a compilarse.

Compilar y descompilar son conceptos de programación cuya finalidad es traducir del lenguaje utilizado para programar el *software* (por ejemplo, C++ o cualquiera de los muchos lenguajes de programación existentes) al lenguaje "máquina", que es el que interpreta el ordenador. Al compilar un programa se está traduciendo a lenguaje máquina y al descompilarlo se vuelve al lenguaje de programación original.

Para aplicar parches, se necesitará utilizar el programa *Patch,* que generalmente se encuentra instalado por defecto en *Ubuntu.* De no ser así, con la instrucción **apt install patch** se instalará en el sistema.

Una vez se compruebe que *Patch* está instalado, se descargará el parche y se copiará al directorio donde se encuentran las fuentes del *kernel.* Seguidamente, se ejecutará el comando **patch –p0 < nombredelparche.patch,** que lo instalará.

Por último, se ha de recompilar el *kernel* utilizando la instrucción **make-kpkg –initrd *kernel*_image.**

5. Parchear las aplicaciones

Para las aplicaciones, existen también diferentes tipos de parches, que se pueden aplicar de varias formas sobre los programas deseados. La forma de aplicación varía dependiendo del tipo de parche que sea y del sistema operativo en el que esté funcionando el *software.*

5.1. Parchear aplicaciones en Windows

Para los sistemas *Windows,* los parches suelen aparecer como archivos comprimidos ".zip" o ".rar". Al descomprimirlos, se pueden encontrar diferentes tipos de archivo. Dependiendo del tipo de archivo que sea, se aplicará el parche de una forma u otra.

Parches de tipo ".exe"

Si el contenido del parche es un archivo ejecutable, bastará con hacer doble clic sobre el parche y seguir las instrucciones que aparezcan en pantalla para su correcta aplicación.

Recuérdese la importancia de analizar con un antivirus actualizado los archivos ejecutables antes de ejecutarlos, ya que pueden contener virus o gusanos que sean nocivos para el funcionamiento del equipo.

En otras ocasiones, aunque el parche sea de tipo ".exe", al ejecutarlo mostrará una ventana de error. Esto es posible, ya que puede tratarse de un ejecutable de sustitución. Un ejecutable de sustitución no es más que el mismo ejecutable del *software* a parchear con modificaciones en su código.

Para aplicar este tipo de parches, es necesario copiar el archivo ".exe" en la ubicación donde se encuentre el ejecutable original de la aplicación. Una vez que se haya copiado, se ha de elegir la opción de sustituir el archivo original por el nuevo (copiar y reemplazar). Es recomendable realizar una copia de seguridad del ejecutable original, ya que, en el caso de que el parche esté corrupto, si se pierde el ejecutable original la única forma de recuperar el *software* será reinstalándolo; mientras que, si se realiza una copia de seguridad del archivo ejecutable original, bastará con restaurarla para poder acceder al *software* sin problemas.

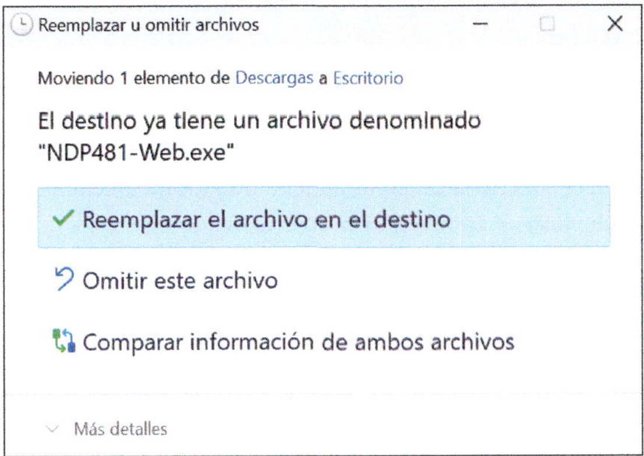

Ejemplo de sustitución de un archivo ejecutable

Parches de tipo ".dll"

Un archivo ".dll" *(Dynamic-Link Library* o Biblioteca de vínculos dinámicos en español) es un archivo que permite a los programas de *Windows* compartir código, así como otros recursos necesarios para la correcta realización de determinadas funciones. Esto quiere decir que, cuando un *software* necesita determinadas líneas de código para realizar una acción, en lugar de estar implementadas en el código interno del programa, realiza una llamada al archivo ".dll" correspondiente. Al realizar esta llamada, accede a las líneas de código necesarias y puede realizar la acción deseada.

Si esta librería ".dll" no existiese, se mostraría un mensaje de error indicando cuál es la librería faltante o corrupta y habrá que proceder a su reinstalación.

Los archivos ".dll", por su propia naturaleza, son muy utilizados para la aplicación de parches, ya que se pueden aplicar al programa sin mucha complicación.

Para aplicar un parche de este tipo, solo es necesario copiar el archivo ".dll" a la ubicación en la que se encuentren las ".dll" que utiliza el *software* a parchear. Por norma general, las instrucciones de aplicación que acompañan al parche revelan esta ubicación.

Importante

Windows almacena casi todas sus librerías ".dll" en la carpeta Windows → System32 y Windows → System. Si por error o descuido elimina o sustituye una librería ".dll" de estas carpetas, se pueden provocar errores graves en el sistema.

Aplicación de otro tipo de parches

En otras ocasiones, el tipo de parche no coincide con ninguno de los anteriormente vistos. En ese caso, se puede tratar simplemente de añadir los archivos del parche a la ruta especificada en las instrucciones.

Las instrucciones de un parche normalmente aparecen en un archivo denominado "leeme.txt" o "readme.txt", donde suele aparecer una mención al equipo que ha desarrollado el parche, así como unas instrucciones para su aplicación.

Por norma general, si los archivos son de otro tipo a los vistos, suele tratarse de parches de adición, en los que únicamente hay que copiar los archivos del parche en los directorios especificados.

5.2. Aplicar parches en Ubuntu

En *Ubuntu* y los sistemas *Linux,* la aplicación de parches difiere bastante respecto a los sistemas *Windows.* Para entenderlo un poco mejor, *Ubuntu,* al estar en constante cambio y desarrollo, iguala el concepto de parche al de actualización.

Para aplicar los últimos parches y actualizaciones, se ha de comprender el funcionamiento de este sistema. En primer lugar, se debe conocer el concepto de repositorio. Un repositorio es una colección de programas para una distribución específica de *Linux.* Por norma general, contiene archivos binarios (".bin") precompilados para la descarga e instalación por parte de los usuarios.

Una vez se comprende este concepto, lo único que hay que hacer es contar con un gestor de paquetes, como podría ser *apt.*

Sabía que...

apt está basado en *apt –get,* otro gestor de paquetes de los sistemas *Linux.* Cuando *apt* fue lanzado, muchos usuarios se quejaron porque no tenía "poderes especiales de vaca". Esto es debido a que *apt –get* contenía un "huevo de pascua" *(easter egg* en inglés, que no es más que una curiosidad creada por los programadores del *software)* en el que, si se escribía "apt –get moo", se mostraba un dibujo de una vaca hecho con caracteres ASCII.

Ya con *apt* en el equipo, conviene conocer algunas sentencias básicas para su uso:

- **apt install paquete:** esta sentencia instala el paquete seleccionado, así como todas sus dependencias.
- **apt remove paquete:** borra el paquete seleccionado, así como los paquetes derivados que no sean necesarios al desinstalar este. *apt* elige esos paquetes secundarios automáticamente.
- **apt purge paquete:** borra el paquete seleccionado y sus archivos de configuración.
- **apt update:** actualiza la lista de paquetes disponibles.
- **apt upgrade:** actualiza el sistema.
- **apt –h:** muestra la ayuda de *apt.*

Con estas sentencias claras, se puede comenzar a trabajar con *apt.* Es una herramienta bastante potente que se puede utilizar, tanto para actualización del sistema como para actualización y parcheo de aplicaciones.

Aplicación práctica

Escriba las sentencias que utilizaría utilizando apt para instalar la última versión del paquete "EjercicioPrueba", eliminarlo manteniendo sus archivos de configuración y, finalmente, actualizar el sistema.

SOLUCIÓN

En primer lugar, se usaría la sentencia apt update para actualizar la lista de paquetes disponibles y cerciorarse de que se instala la última versión.

Seguidamente, se ejecutaría la sentencia apt install EjercicioPrueba que instalará el paquete en el sistema.

Posteriormente, la sentencia apt remove EjercicioPrueba para eliminar el paquete manteniendo los archivos de configuración. Si se quisieran eliminar estos, se usaría apt purge EjercicioPrueba.

Por último, se actualizaría el sistema con apt upgrade.

Actividades

4. Defina el concepto de parche.
5. ¿Sería legal aplicar un parche para traducir una aplicación al español? ¿Y para aumentar el periodo de prueba? Razone sus respuestas.
6. Nombre los diferentes tipos de parches que pueden existir.

6. Resumen

Actualizar y parchear el sistema operativo y las aplicaciones son rutinas informáticas que hay que aplicar en determinadas ocasiones.

Para actualizar el sistema operativo, es recomendable que se esté familiarizado con su funcionamiento, ya que, dependiendo del sistema de que se trate, se seguirá un procedimiento u otro.

Para sistemas basados en *Windows* como *Windows 7, Windows 8* o *Windows 11,* se cuenta con una herramienta como el gestor de actualizaciones *Windows Update.* Este gestor ofrece la posibilidad de automatizar la búsqueda e instalación de actualizaciones del sistema según convenga al usuario.

Para el caso de los sistemas basados en *Linux,* como *Ubuntu,* también se cuenta con el **Gestor de actualizaciones,** que facilita la búsqueda y actualización del sistema.

Para actualizar las diversas aplicaciones en *Windows,* si existen diferencias entre la versión 7, la versión 8 y la versión 11. En la versión *Windows 7,* se podrán actualizar las aplicaciones bien manualmente o bien dejando que la propia aplicación, al ejecutarse, advierta cuando existan actualizaciones disponibles. En *Windows 8* se cuenta con la posibilidad de actualizarlas desde la aplicación **Tienda,** que ofrece la posibilidad de buscar actualizaciones para las aplicaciones instaladas. Asimismo, también se puede utilizar la rutina de *Windows 7.* En *Windows 11,* además, se puede usar *Microsoft Store* para gestionar las actualizaciones de las aplicaciones.

En *Ubuntu* la actualización de las aplicaciones también se puede llevar a cabo utilizando el mismo **Gestor de actualizaciones** del sistema, ya que muestra un listado de las aplicaciones instaladas y ofrece la posibilidad de buscar las actualizaciones desde esa misma aplicación.

Parchear el sistema o las aplicaciones no es más que añadirles una pequeña actualización que puede estar desarrollada por un equipo de programación diferente al que ha desarrollado la aplicación. Hay que asegurarse de la autenticidad de los archivos cuando se vaya a aplicar un parche, ya que muchos de ellos son archivos ejecutables y pueden contener *malware* si se trata de archivos trampa.

Los parches pueden ser de diferentes tipos, incluso de contenido ilegal, con lo que hay que andar con bastante precaución a la hora de aplicar alguno.

En los sistemas *Windows,* los parches se suelen aplicar haciendo doble clic en el ejecutable (suelen ser archivos ".exe") y posteriormente siguiendo las instrucciones.

En *Ubuntu,* para instalar un parche de sistema hay que descompilar el *kernel* (núcleo del sistema operativo), añadir el código del parche y volver a compilar el *kernel* para restaurarlo. Durante este proceso, lo que se realiza es una traducción del núcleo del sistema operativo a lenguaje de programación. Una vez está traducido, el parche añade líneas de código para agregar funciones al *kernel* y, al final, se vuelve a traducir a lenguaje máquina, ya con el nuevo código insertado.

Las aplicaciones en *Windows* se puede parchear de diferentes formas, las más comunes son ejecutar el parche, sustituir librerías .dll, sustituir el archivo ejecutable o añadir archivos en una ruta determinada.

Para parchear aplicaciones en *Linux,* es necesario contar con un gestor de paquetes, que está enlazado a un repositorio (una biblioteca de paquetes, característica para cada distribución de *Linux).* Utilizando este gestor de paquetes, se pueden buscar las actualizaciones de las aplicaciones, así como instalar nuevas, desinstalar las que ya no se utilizan o actualizar el sistema.

Ejercicios de repaso y autoevaluación

1. **Defina brevemente el concepto de actualizar el sistema.**

2. **¿Cómo se denomina la plataforma de aplicaciones centralizada de *Windows 11?***

3. **¿Qué diferencia existe entre actualizaciones importantes y actualizaciones recomendadas?**

4. **Distribuya en la columna que corresponda los siguientes conceptos: gestor de actualizaciones, *Windows Update,* Actualizaciones automáticas, Tienda de aplicaciones.**

Actualizar el sistema	Actualizar las aplicaciones

5. **Defina brevemente un parche.**

6. **Nombre y describa brevemente los diferentes tipos de parches que se pueden encontrar.**

7. ¿Qué es el *kernel* de un sistema *Linux?*

8. ¿Qué es un archivo ".dll"?

9. **De las siguientes afirmaciones, diga cuál es verdadera o falsa.**

   a. Los parches se aplican todos de la misma forma.

      ☐ Verdadero
      ☐ Falso

   b. Los parches de tipo ".exe" solo se aplican haciendo doble clic sobre ellos.

      ☐ Verdadero
      ☐ Falso

c. Un repositorio es un concepto exclusivo de *Linux.*

- ☐ Verdadero
- ☐ Falso

d. apt es un *software* muy usado en *Windows.*

- ☐ Verdadero
- ☐ Falso

10. ¿Qué es compilar? ¿Y descompilar?

____
____
____
____

11. Relacione los siguientes conceptos.

a. *Kernel.*
b. *apt.*
c. Archivo ".dll".
d. "Leeme.txt".

__ Instrucciones.
__ *Linux.*
__ Librería.
__ Gestor de paquetes.

12. Identifique el concepto intruso en los siguientes grupos.

a. apt upgrade/apt –h/apt delete/apt install.
b. Archivo ".dll"/Archivo ".xls"/Archivo ".txt"/Archivo ".exe".
c. Parche de seguridad/Parche de traducción/Parche de actualización/Parche de reparación.
d. Gestor de actualizaciones/*Windows Update*/Tienda de aplicaciones/*MS Word.*

13. ¿Dónde almacena *Windows* los archivos .dll?

14. Explique la veracidad o falsedad de la siguiente afirmación: El gestor de actualizaciones de Ubuntu solo sirve para mantener el sistema actualizado.

15. ¿Qué función realiza en *Ubuntu* la instrucción make-kpkg –initrd kernel_image?

Bloque 2

Optimización del uso de los recursos

Contenido

1. Comprobar la adecuación del rendimiento del sistema a las necesidades de la organización
2. Realizar pruebas de carga para comprobar la escalabilidad del sistema y su adecuación a las necesidades presentes y futuras de la organización

Capítulo 1

Comprobar la adecuación del rendimiento del sistema a las necesidades de la organización

Contenido

1. Introducción
2. Seleccionar los parámetros a medir para comprobar el rendimiento del sistema
3. Establecer la monitorización necesaria para medir el rendimiento del sistema
4. Representar gráficamente el rendimiento del sistema, interpretándolo y estableciendo la adecuación o no a las necesidades de la organización
5. Proponer las mejoras necesarias para el incremento del rendimiento
6. Utilizar las herramientas de modelado para predecir el rendimiento del sistema en base a las previsiones de incremento de carga del sistema
7. Resumen

1. Introducción

Una cuestión que pocas veces se aborda a la hora de comprobar la idoneidad de un sistema es si realmente se adecua a las necesidades que hay que cubrir. Por norma general, sobre todo aquellos que no están muy familiarizados con la informática, al comprar un nuevo equipo se dejan llevar por la novedad. Se sigue la senda de "si es nuevo, es mejor", pero en ocasiones no se comprueba si ese gasto económico está justificado para el uso que va a tener el ordenador.

Esto no quiere decir que haya que renunciar a equipar las últimas piezas en el ordenador, sino que se debe estudiar si esas piezas justifican el gasto que suponen. Por ejemplo, si el ordenador va a ser utilizado en una oficina para controlar la contabilidad, es innecesario equipar una tarjeta gráfica de última generación, ya que no se aprovechará su potencial.

Por otro lado, es conveniente elaborar pruebas para ver el rendimiento máximo que puede ofrecer el equipo y así saber hasta dónde puede llegar a la hora de instalar *software*.

Posteriormente a la elaboración de las pruebas, hay que saber interpretar correctamente los resultados. De lo contrario no serán totalmente efectivas.

2. Seleccionar los parámetros a medir para comprobar el rendimiento del sistema

Un ordenador está compuesto de multitud de piezas, en las que todas tienen influencia en el rendimiento final. Todo el conjunto de estas definirá la efectividad que alcanzará el equipo, pero hay algunas piezas clave que son vitales para el rendimiento. Microprocesador, disco duro, placa base, memoria RAM y tarjeta gráfica son las que más peso tienen a la hora de definir la efectividad del ordenador.

2.1. Parámetros a medir en relación con el microprocesador

El microprocesador es el núcleo del sistema. En él se realizan todos los cálculos que permiten funcionar al ordenador. Lo importante que se ha de tener en cuenta en relación con este componente es el tiempo que tarda en realizar los cálculos.

Microprocesador (© Andrew Dunn vía Wikimedia commons. CC BY-SA 2.0)

Aun así, la medida del rendimiento de un procesador se puede efectuar midiendo el tiempo que tarda en realizar una sola tarea (tiempo de respuesta) o midiendo el tiempo que emplea en realizar varias tareas (productividad). De cualquier modo, se acepta como medida válida el **tiempo de ejecución,** que no es más que la cantidad de tiempo empleada por el procesador en ejecutar una aplicación. Es complicado de medir, debido a que los sistemas operativos actuales son multitarea (realizan varias tareas simultáneas), así que es conveniente desglosar este concepto en otros, para conseguir una medida más exacta.

El tiempo de ejecución se puede dividir en los siguientes conceptos:

- **Tiempo de respuesta:** tiempo total que percibe el usuario.
- **Tiempo de CPU utilizado por el usuario:** tiempo que utiliza el procesador para ejecutar el programa, no teniendo en cuenta el tiempo utilizado en abrir programas relacionados o examinar dispositivos de entrada/salida de datos.

- **Tiempo de CPU utilizado por el sistema operativo:** tiempo que utiliza el sistema operativo para su gestión interna.

Al medir los tiempos utilizados por el microprocesador, se obtiene el rendimiento de este, pero no del cómputo global del ordenador. Esto se debe al resto de componentes, que influirán positiva o negativamente en el rendimiento del procesador.

Sabía que...

El procesador de un *smartphone* de gama media es 100.000 veces más potente que los que se utilizaron en la misión Apolo XI en su viaje a la Luna.

2.2. Parámetros a medir en relación con el disco duro

El disco duro es el componente informático donde se almacenan los datos y archivos. Al igual que con el microprocesador, la característica más importante a medir es el tiempo de acceso a datos, es decir, la velocidad con la que se acceden a los datos. Otra característica a tener en cuenta es su capacidad, que se medirá en Gb (gigabytes) o Tb (terabytes, teniendo en cuenta que 1 Tb = 1.024 Gb).

Así, un disco duro SATA3 7.200 rpm tendrá un acceso más rápido a datos que uno UDMA6 5.400 rpm, ya que el estándar SATA3 tiene velocidades de transferencia de hasta 600 Mb/s, mientras que UDMA6 llega a 133 Mb/s. La velocidad de giro del disco (rpm) influye igualmente en el acceso a los datos. Cuanto más alta sea, más rápido girará el disco.

Las velocidades de los diferentes estándares a lo largo del tiempo se pueden observar en la siguiente tabla.

Estándar	Rendimiento (Mb/s)
UDMA 0	16,7
UDMA 1	25
UDMA 2 (Ultra-ATA/33)	33,3
UDMA 3	44,4
UDMA 4 (Ultra-ATA/66)	66,7
UDMA 5 (Ultra-ATA/100)	100
UDMA 6 (Ultra-ATA/133)	133
SATA I	150
SATA II	300
SATA III	600

Independientemente de los datos facilitados por el estándar del disco, es recomendable testearlo con un *software* adecuado para obtener los valores de rendimiento en cada equipo de forma pormenorizada.

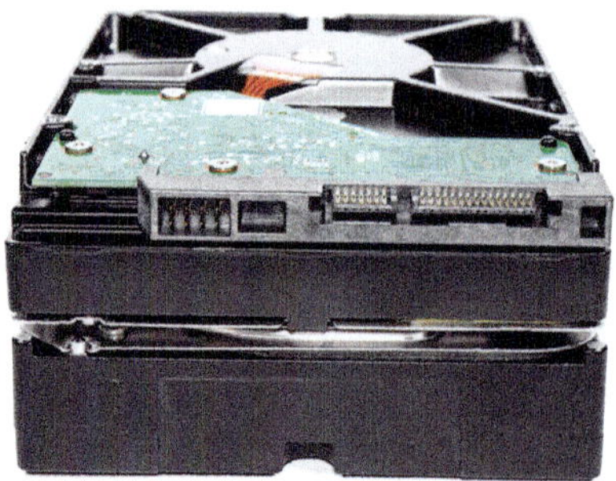

Exterior de un disco duro de PC estándar

2.3. Parámetros a medir en relación con la placa base

La placa base es la columna vertebral del ordenador, por definirla de algún modo. En ella van conectados todos los demás componentes, cada uno en su ranura correspondiente, y marca las limitaciones físicas de ampliación que tendrá el ordenador.

Al elegir una placa base, se ha de tener en cuenta la compatibilidad con los microprocesadores del mercado, ya que cada tipo de placa soporta unos procesadores determinados, siendo imposible sustituir el zócalo donde van acoplados estos. Esta característica limita la actualización de este componente, pero no es el único que se ve limitado. También limitará el número de discos duros y la cantidad de memoria RAM que soportará, así como el número de tarjetas que se pueden añadir.

La limitación de la placa base es meramente física a la hora de la actualización. Normalmente, se elige una placa compatible con el microprocesador o microprocesadores elegidos y no al revés.

Placa base moderna

2.4. Parámetros a medir en relación con la memoria RAM

La memoria RAM *(Random Access Memory* o Memoria de Acceso Aleatorio) es la memoria de trabajo del ordenador. En ella se almacenan temporalmente los archivos recientemente utilizados, para aumentar la velocidad de acceso a estos, así como los archivos necesarios para la ejecución del sistema operativo y las aplicaciones abiertas.

La memoria RAM es un componente fundamental y al que hay que prestar mucha atención a la hora de seleccionar. Si se instala un microprocesador muy potente pero la memoria RAM no está a la altura, el microprocesador no podrá trabajar holgadamente, ya que la memoria RAM se llenaría demasiado rápido y se perdería mucho tiempo en vaciarla para que siga trabajando.

Módulo de memoria RAM

Para entender esto, hay que pensar en la memoria RAM como una estantería en la que se almacenan elementos a los que se tiene acceso. Una vez se llena, hay que mover elementos a otro lugar (en este caso, el disco duro) para poder introducir nuevos elementos. Si la memoria tiene poca capacidad, se llenaría rápidamente, con lo cual habrá que vaciarla más a menudo.

Además de la capacidad, hay que tener en cuenta la velocidad de la memoria, que, al igual que con los microprocesadores, se mide en megahercios (MHz). Cuanto más rápida sea, menos tardará en vaciarse cuando esté llena y más rápido será el acceso a los datos que estén en uso.

Importante

Las placas base cuentan con varias ranuras para memoria RAM. En el caso en que se conecten memorias de diferente velocidad, la más rápida funcionará a la velocidad de la más lenta. Esto es, si se conecta una memoria de 133 MHz y otra de 333 MHz, la memoria de 333 MHz funcionará como máximo a 133 MHz. Esto se debe a que tiene que haber sincronía en la memoria para que funcione correctamente.

2.5. Parámetros a medir en relación con la tarjeta gráfica

La tarjeta gráfica o tarjeta de vídeo es la encargada de procesar los datos del ordenador para mostrarlos en pantalla. Es importante contar con una buena tarjeta gráfica si se utilizan programas de edición de imágenes o vídeo, ya que la GPU *(Graphics Proccessing Unit)* de la tarjeta gráfica descarga a la memoria RAM y al procesador de multitud de acciones, aumentando el rendimiento y las capacidades del ordenador en general.

Además, una buena tarjeta gráfica permite un abanico de resoluciones de pantalla y frecuencias de refresco muy amplio, lo cual repercute directamente en la salud del usuario. Con una adecuada resolución y frecuencia de refresco, se evitará que el usuario sufra molestias en los ojos o dolores de cabeza.

Los parámetros a tener en cuenta para calificar una tarjeta gráfica son la GPU, la memoria RAM de la tarjeta y los conectores disponibles.

La GPU es un procesador, integrado en este tipo de tarjetas, que está optimizado para la gestión de gráficos. Su labor es descargar al microprocesador del ordenador de la tarea de gestionar gráficos, facilitando que esté más liberado para realizar otras funciones.

La memoria RAM de la tarjeta gráfica se utiliza para liberar de carga a la memoria RAM del equipo, funcionando de igual manera que la RAM normal, pero únicamente para gráficos.

En cuanto a los conectores disponibles, hay varios estándares, cada uno de ellos con sus características, pero lo importante es saber qué tipo de entradas tiene el monitor del ordenador, ya que de nada servirá una tarjeta con salida HDMI (alta definición) si el monitor no cuenta con este tipo de conexión.

De igual modo, la tarjeta gráfica ha de contar con un buen ventilador, ya que es uno de los componentes que más calor generan cuando funcionan a máxima potencia.

Tarjeta gráfica

Aplicación práctica

Al realizar las pruebas de *software*, usted observa que la velocidad de acceso a los programas está por debajo de los límites deseados, es decir, accede inusualmente lento.

¿Qué causas relacionadas con los componentes pueden dar lugar a esta situación?

SOLUCIÓN

Las causas más frecuentes para este problema son dos: o bien el microprocesador carece de la potencia necesaria para realizar los cálculos necesarios a la velocidad deseada o bien la memoria RAM trabaja demasiado lento para la utilización de ese software.

La solución a este problema es realizar test separados para memoria RAM y microprocesador, para detectar qué componente es el que causa el funcionamiento inusual y así subsanar los posibles errores.

3. Establecer la monitorización necesaria para medir el rendimiento del sistema

Aunque los fabricantes de componentes pongan a disposición pública tablas y datos sobre el rendimiento de sus productos, es recomendable contar con las herramientas necesarias para medir el rendimiento en cada caso particular. En un ordenador las piezas interactúan entre sí, con lo cual están supeditadas unas a otras en cuanto a rendimiento. La mejor forma de averiguar si el equipo ofrece el mejor rendimiento, es medirlo en cada caso particular. Por suerte, diversas aplicaciones permiten hacerlo de forma sencilla y con resultados fáciles de interpretar.

En este apartado, el manual se centrará en monitorizar los componentes realmente imprescindibles en cualquier sistema, dejando de momento a un lado el rendimiento de la tarjeta gráfica, ya que en muchas ocasiones no será necesario monitorizarlo. La tarjeta gráfica realmente sufre tensión con *software* muy específico y en el uso normal de un equipo informático no es necesario monitorizarla, ya que no supone ningún riesgo para el equipo.

3.1. Monitorización del sistema en Windows

Los sistemas *Windows* proporcionan ciertas herramientas para el monitoreo de los parámetros del sistema, ya sea en tiempo real o ejecutando pruebas de carga.

Una de estas herramientas se encuentra integrada en el sistema y es el denominado **Administrador de tareas.** Esta herramienta ofrece datos en tiempo real sobre el rendimiento del microprocesador y la memoria RAM.

Para acceder a ella, solo hay que pulsar las teclas [Ctrl + Alt + Supr] o bien hacer clic en la barra de tareas con el botón derecho del ratón y posteriormente en **Iniciar el Administrador de tareas.**

Una vez dentro de este, se puede acceder a una herramienta que ofrece más detalles, como es el **Monitor de recursos,** que encuentra en la pestaña **Rendimiento** del Administrador de tareas.

En este monitor de recursos, también se puede observar en tiempo real el rendimiento del disco duro en el que está instalado el sistema. A su vez, también muestra el estado de la red si se está conectado a Internet.

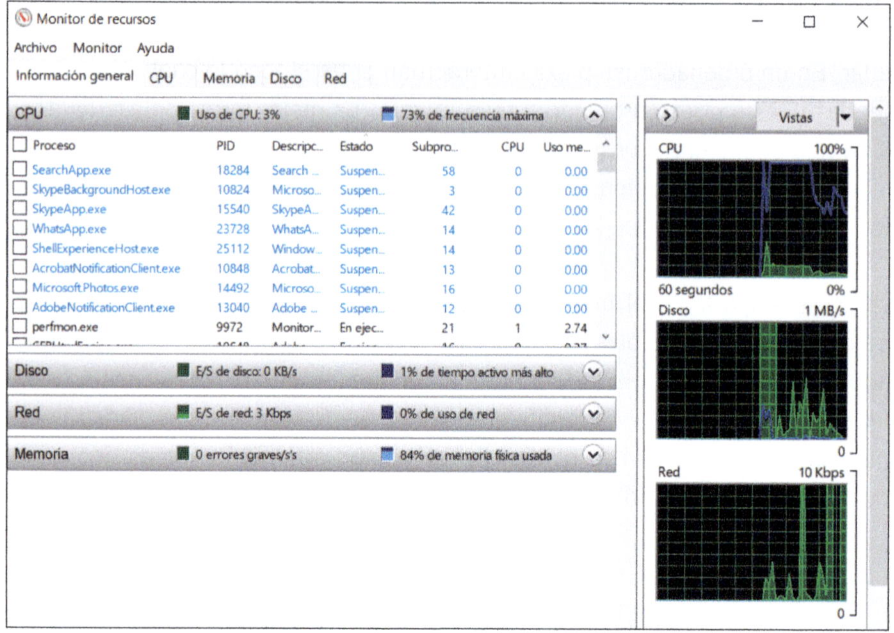

Monitor de recursos de Windows 11

El monitor de recursos ofrece también unas gráficas de rendimiento de los últimos 60 segundos, en las que la línea aumenta o decrece en función de la carga a la que estén sometidos los componentes.

3.2. Monitorización del sistema en Linux

Los sistemas basados en *Linux* también cuentan con sus propias herramientas de monitorización del sistema. Mediante ellas se podrá observar la carga a la que está sometido el equipo, ya sea en un momento determinado (de la llamada forma estática) o durante un período que se va actualizando en pantalla (forma dinámica). Los diferentes comandos que se pueden utilizar son:

- **Uptime:** este comando devuelve al usuario la fecha y hora actuales, el tiempo que lleva el sistema en marcha, los usuarios conectados al mismo y la carga media del sistema de los últimos 1, 5 y 15 minutos.
- **Top:** muestra una visión dinámica y en tiempo real del sistema. Indica los procesos que están ejecutándose, así como el uso de memoria y del procesador que ejercen.
- **Free:** monitoriza el uso de memoria de forma estática. Para realizarlo de forma dinámica, habría que añadir el comando **watch.** Para personalizarlo aún más, si se añade la opción **–n #** (siendo # cualquier número), el monitoreo se actualizará cada # segundos. La instrucción completa sería **watch –n 5 free.**
- **Iostat:** devuelve información sobre la lectura o escritura de los dispositivos.

Son comandos útiles, pero si lo que se desea es tener esta información presente en el escritorio, programas como *Conky* se encargan de ello. Para instalar Conky hay que usar este comando: apt install conky-all.

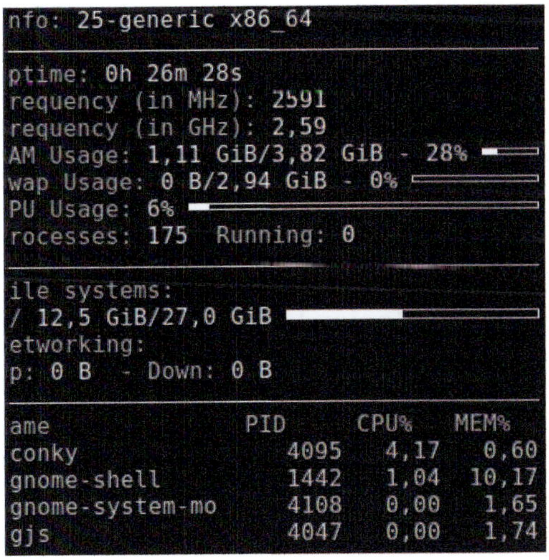

```
nfo: 25-generic x86_64

ptime: 0h 26m 28s
requency (in MHz): 2591
requency (in GHz): 2,59
AM Usage: 1,11 GiB/3,82 GiB - 28%
wap Usage: 0 B/2,94 GiB - 0%
PU Usage: 6%
rocesses: 175  Running: 0

ile systems:
/ 12,5 GiB/27,0 GiB
etworking:
p: 0 B  - Down: 0 B

ame                  PID     CPU%   MEM%
conky               4095     4,17   0,60
gnome-shell         1442     1,04  10,17
gnome-system-mo     4108     0,00   1,65
gjs                 4047     0,00   1,74
```

Ejemplo de pantalla de Conky

Como se aprecia en la imagen, *Conky* también ofrece gráficas si se desean, para analizar de solo un vistazo la carga del sistema.

Aplicación práctica

Al iniciar el *software* de monitorización en un equipo, usted observa que el porcentaje de uso de la CPU es de un 33 %, mientras que el uso de memoria RAM está cerca del 90 %. Explique la causa de este fenómeno inusual.

SOLUCIÓN

La causa más común para este funcionamiento extraño es que la memoria RAM tiene demasiados procesos en uso. Al almacenarse en la RAM los procesos con los que se ha ido trabajando, da lugar a la saturación de esta, provocando lentitud en el equipo. La solución es liberar esa memoria RAM, ya sea con un software específico o reiniciando el ordenador.

Actividades

1. Indique qué elementos del ordenador es recomendable monitorizar.
2. Defina disco duro.
3. ¿Cómo se accede al administrador de tareas en *Windows?*

4. Representar gráficamente el rendimiento del sistema, interpretándolo y estableciendo la adecuación o no a las necesidades de la organización

Las herramientas de monitorización del ordenador ofrecen gráficas de rendimiento que pueden ser bastante útiles para analizar el rendimiento de este, pero cuentan con un problema: solo se representa la última actividad y no se pueden exportar a otro medio, como puede ser papel, para realizar un estudio más minucioso.

En ese caso, lo ideal es elaborar manualmente las gráficas, basándolas en las obtenidas utilizando las herramientas de monitorización. Al elaborar manualmente las gráficas, se podrá evaluar el rendimiento del ordenador mientras realiza sus tareas normales y, muestreando los datos según la carga de trabajo que esté realizando, se puede conseguir un estudio más pormenorizado de su rendimiento.

Para ello, con cualquiera de las herramientas de monitorización ejecutándose, se irán abriendo programas y se irán anotando los datos de rendimiento en una tabla de *Excel* (u *Hoja de cálculo* en *LibreOffice)* periódicamente.

4.1. Elaborar un gráfico en Ms Excel

Para elaborar un gráfico en *MS Excel* es necesario abrir una hoja de cálculo nueva e introducir datos en dos columnas. El ejemplo se realizará con la carga de trabajo del microprocesador, pero sería de igual forma con cualquier componente.

En una columna se introducirá el *software* que está ejecutándose en ese momento y en otra el porcentaje de carga a la que trabaja el microprocesador de media durante el período de tiempo elegido.

Una vez estén los datos introducidos, se hará clic en **Insertar** y se elegirá un tipo de gráfico. Un gráfico de líneas es conveniente para este tipo de datos, ya que de un solo vistazo se puede ver la evolución del microprocesador.

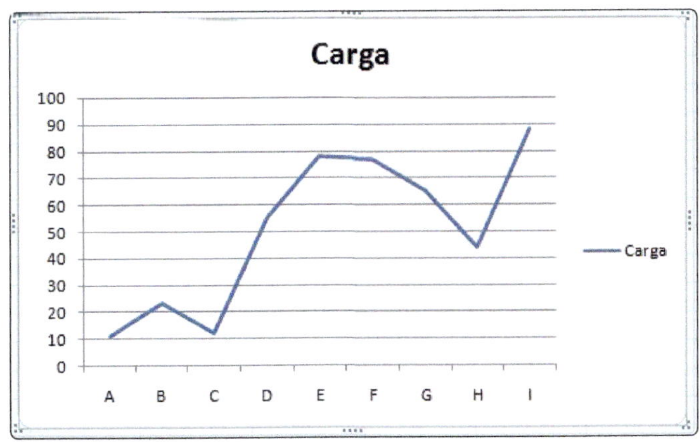

Ejemplo de un gráfico de líneas con MS Excel

Con este gráfico se observa en un vistazo que, cuando el ordenador está ejecutando la aplicación A, su carga de trabajo es menor que si está ejecutando la aplicación E.

Asimismo, se ve claramente el máximo y el mínimo de carga de trabajo del microprocesador durante su trabajo normal con las diferentes aplicaciones.

4.2. Elaborar un gráfico en LibreOffice Hoja de cálculo

Para elaborar un gráfico en *LibreOffice Hoja de cálculo,* se han de seguir pasos muy parecidos a los dados con *MS Excel.*

En primer lugar, se introducen en una columna los datos del eje X (aplicación/*software* en este caso) y en otra columna los datos del eje Y (carga de microprocesador).

Una vez estén introducidos, se han de seleccionar las celdas que han de aparecer en el gráfico y hacer clic en **Insertar → Gráfico.**

Se selecciona el tipo de gráfico que se desea y se completan los campos que se consideren necesarios en el asistente de gráficos que se muestra.

Una vez se le da a finalizar, el gráfico aparece en pantalla.

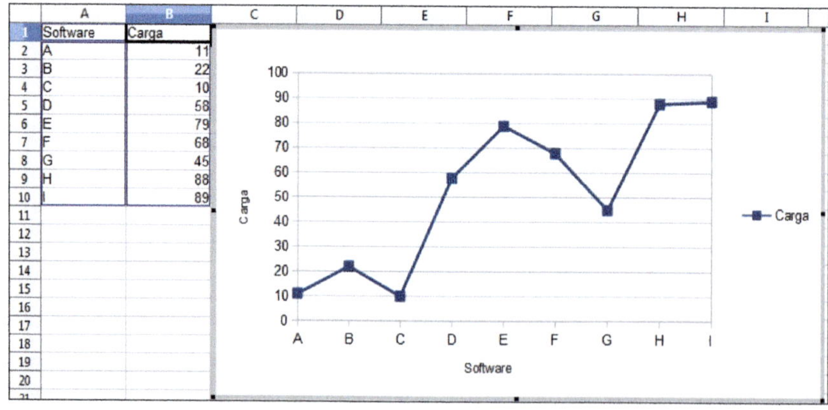

Ejemplo de gráfico con sus datos de base en LibreOffice Hoja de Cálculo

4.3. Interpretación de los gráficos

Una vez los gráficos estén elaborados, es el momento de interpretarlos para definir si el rendimiento del equipo es el adecuado para las funciones que ha de realizar.

Al haber utilizado un modelo de gráfico Carga/*Software*, es bastante simple establecer la interpretación. Cuanto más alto sea el valor en la carga provocada sobre el componente, más negativo es el resultado de la interpretación.

Por ejemplo, si un *software* básico para el trabajo del ordenador supone una carga excesiva (una línea muy alta sobre ese *software*), indica que ese *software* está ocupando mucho espacio de trabajo para ese equipo. Es posible que, si se abren una o dos aplicaciones más, el sistema se sature y se provoquen errores.

Dependiendo del componente que se esté analizando en el gráfico, se considerarán unas u otras opciones para solucionar el problema. Si es el microprocesador, se estudiaría la posibilidad de cambiarlo; si es la memoria RAM, se podría ampliar; si es el disco duro, puede que necesite ser explorado en busca de errores, etc.

Aplicación práctica

Partiendo del gráfico de la anterior imagen, interprételo respondiendo a las siguientes preguntas:

- **¿Qué *software* provoca más carga? ¿Y qué *software* menos?**
- **Calcule la carga media.**

SOLUCIÓN

El *software* que provoca más carga en el sistema es I, mientas que C es el que menos carga el sistema.

Continúa en página siguiente >>

<< Viene de página anterior

La carga media del sistema se calcula sumando los valores de carga y dividiéndolos por el número de medidas que se han tomado como válidas. Así, en este caso la carga media sería de un 51,2 %. Es decir, la media de trabajo del equipo es la mitad de su rendimiento máximo.

5. Proponer las mejoras necesarias para el incremento del rendimiento

El análisis de las gráficas y del uso del *software* de monitorización para estudiar el rendimiento de un ordenador puede llevar a dos posibles conclusiones: o bien el ordenador soporta correctamente la carga de su funcionamiento normal o, por el contrario, no la soporta correctamente, mostrando ralentización en los procesos, imposibilidad de realizar algunas acciones, etc.

Según el componente que se analice, las mejoras que haya que realizar en el ordenador tendrán mayor o menor impacto económico.

Si se observan problemas con el rendimiento de la memoria RAM, por ejemplo, se debe estudiar la posibilidad de ampliar la cantidad de memoria con la que cuenta el ordenador. Normalmente, las placas base cuentan con varias ranuras para módulos de memoria RAM y estas ranuras admiten diferentes memorias (tanto en capacidad como en velocidad). En este caso, habría que estudiar qué tipos de memoria admite la placa base y elegir entre esos tipos para mejorar el rendimiento del ordenador.

Con la tarjeta gráfica ocurre algo parecido. Si se observan problemas de rendimiento en gráficos, una posible solución es sustituir la tarjeta gráfica por una más potente. Nuevamente hay que tener en cuenta la placa base para ver qué tarjeta es la más adecuada, ya que existen diferentes ranuras de expansión para tarjetas gráficas (AGP, PCI-Express, etc.). En ordenadores actuales, esto no supone ningún problema, ya que el estándar PCI-Express es común para todos, pero si el equipo tiene cierta antigüedad, sí puede suponer un problema.

El disco duro es otra pieza sustituible del equipo si se observa que no funciona correctamente o no cumple con las expectativas necesarias para el funcionamiento del ordenador. Antes de sustituir el disco duro, hay que tener en cuenta que todo el *software,* datos, etc., se encuentran almacenados en él, así que, al sustituirlo, no se tendría nada en el ordenador. Es recomendable realizar copias de seguridad de los datos sensibles para posteriormente restaurarlas en el nuevo disco duro.

Por último, en el caso de que el microprocesador sea el que no alcance los objetivos de rendimiento, habría que sopesar seriamente si es conveniente actualizar solo el microprocesador o adquirir un equipo nuevo.

Esto puede sonar descabellado, pero hay que tener en cuenta ciertos factores. Por ejemplo, las limitaciones de la placa base. Normalmente, para una placa base, el rango de microprocesadores que puede albergar no es muy amplio. Es decir, que posiblemente pueda albergar un microprocesador de mayor capacidad que el actual, pero en términos de rendimiento es bastante probable que ese microprocesador de más capacidad sea insuficiente para lo que necesita el equipo.

En ese caso, lo recomendable sería un estudio de necesidades para decidir si se invierte en un nuevo equipo completo o si se reutilizan componentes actuales para el nuevo ordenador.

Recuerde

El cerebro de un ordenador es el microprocesador y para que todo funcione con un rendimiento aceptable, es recomendable que todas las piezas vayan en consonancia con este. De nada sirve tener un procesador de última generación si el resto de componentes están prácticamente obsoletos o viceversa.

6. Utilizar las herramientas de modelado para predecir el rendimiento del sistema en base a las previsiones de incremento de carga del sistema

Las herramientas de modelado de sistemas informáticos permiten crear una simulación de un sistema a coste mínimo. Estas herramientas permiten crear la simulación del incremento de carga en el sistema, para así predecir el rendimiento que ofrecerá y evaluar la posibilidad de mejorar el equipo o descartarlo para esas futuras funciones.

Utilizando las herramientas de modelado conjuntamente con el análisis del sistema anterior, se puede aproximar con poco margen de error cómo será la carga de trabajo a la que el equipo se verá sometido en un futuro, permitiendo tener al equipo listo para que el rendimiento siga siendo el adecuado.

Para reproducir el comportamiento del sistema utilizando las herramientas de modelado, se puede recurrir a dos grandes grupos de técnicas: los métodos analíticos y la simulación discreta.

6.1. Herramientas de modelado: métodos analíticos

Para reproducir el comportamiento del sistema utilizando los métodos analíticos, existen diferentes técnicas, como las redes de colas o las redes de Petri. Estas redes son representaciones gráficas o matemáticas de sistemas informáticos.

Cada una de estas técnicas tiene sus particularidades y su aplicación concreta.

Las redes de colas son utilizadas en las simulaciones en las que solo se ejecuta un proceso simultáneo dentro de la misma red. Es decir, un cliente entra en una tienda y va consultando diferentes artículos, pero solo consulta un artículo detrás de otro, sin posibilidad de consultar dos a la vez. En estas redes, existen dos tipos:

- Las **redes abiertas** son aquellas en las que el cliente no puede volver atrás, sino que solamente trabaja en una dirección.
- Las **redes cerradas,** sin embargo, permiten la vuelta atrás del cliente para consultar otro proceso de la red.

Las redes de Petri, por otra parte, permiten la concurrencia de varios procesos para conseguir un objetivo común. Es decir, se podría decir que permiten el trabajo en paralelo de múltiples procesos para agilizar el funcionamiento del sistema.

Características de las redes

El concepto de cola es fácil de entender. Al igual que en una ventanilla de atención al cliente o en la caja de un supermercado, la cola es donde se posicionan los elementos para recibir un servicio, formando una línea de espera.

Los sistemas de colas vienen dados por las siguientes características:

- **Modelo de llegadas de clientes:** viene dado por el número medio de llegadas por unidad de tiempo (índice de llegadas) y el tiempo medio entre llegadas sucesivas (tiempo entre llegadas).
- **Modelo de servicio:** se puede deducir por el tiempo empleado para cada servicio o por el número de servicios por unidad de tiempo.
- **Disciplina de la cola:** establece el orden de tratamiento de clientes. Puede ser FIFO *(First In, First Out)*, LIFO *(Last In, First Out)*, *Random* (selección aleatoria) o según la prioridad de cada cliente. Estas últimas presentan dos subtipos:
    - **Con interrupción:** si aparece un cliente con una prioridad superior, se interrumpe el trabajo para darle acceso a este.
    - **Sin interrupción:** no se interrumpe el trabajo en el caso que aparezca un cliente con más prioridad, sino que se posiciona después del trabajo en curso.

  Dentro de cada clase de prioridad, se pueden aplicar también los tipos anteriores (FIFO, LIFO y *Random)*.

- **Capacidad del sistema:** número máximo de clientes que gestiona el sistema.
- **Número de canales de servicio:** número de "cajas del supermercado". Puede haber varios canales de servicio, con lo que se originarían varias colas dentro del sistema o solo una para atender todas las peticiones.
- **Número de estados del servicio:** las cajas del supermercado o dependientes pueden subdividirse a su vez en otros dependientes, cada uno con su función del proceso general y su propia cola. Cada subdivisión de este tipo es un estado del servicio.

Ejemplos de redes

Estos conceptos son fáciles de entender si se visualizan en un ejemplo. Siguiendo la analogía con los supermercados, se van a contemplar dos supuestos y se va a explicar a qué tipo pertenecen y por qué.

Primer supuesto

En un supermercado, existe una sola caja para pagar las compras y realizar las devoluciones. Asimismo, el orden de pasar por caja lo establece el orden de llegada a esta.

En este caso, se trata de una cola FIFO, donde el primero que entra es el primero que sale. El número de canales del servicio sería uno, ya que existe una caja para todas las acciones a realizar, y su número de estados del servicio sería cero, ya que no se subdivide esa caja en ningún subproceso diferente.

Segundo supuesto

En el mismo supermercado, con el fin de intentar mejorar la agilidad en el funcionamiento diario, se ha decidido crear una caja para las devoluciones y otra caja para pagar las compras. Asimismo, las cajas tendrán una subdivisión en dos elementos, uno de ellos gestionará los artículos y el otro gestionará el pago o el cobro del dinero. Se ha implementado un sistema de tiques para establecer el orden de entrada de cada cliente y, en caso de repetirse el número de entrada de dos clientes o más, entrará primero quien estuviese antes.

Este caso cambia sustancialmente las cosas. Por un lado, la cola ya no es una cola FIFO, sino que es una cola establecida por prioridad (el número de tique) y regida en modo FIFO en caso de prioridades iguales. Los canales de servicio aumentan a dos (ventas y devoluciones), así como los estados de servicio, ya que ahora hay dos para cada canal (artículos y gestión del dinero).

Como se observa, para un mismo fin se pueden utilizar varios modelos de redes de colas. Es la labor del técnico establecer qué modelo es el más adecuado para lo que se desea implementar, realizando simulaciones con los diferentes tipos y seleccionando el más idóneo en cada caso.

6.2. Herramientas de modelado: simulación discreta

La simulación es el equivalente informático al método científico. En una simulación se recrea matemáticamente el funcionamiento de un sistema y, en esa recreación, se le pone a prueba y se analizan los datos obtenidos para su interpretación.

Definición

Método científico
Según el Oxford English Dictionary, Método o procedimiento [...] que consiste en la observación sistemática, la medición y la experimentación, y la formulación, el análisis y la modificación de hipótesis.

Con lo cual, estos métodos de simulación permiten la realización de pruebas en una réplica del sistema para obtener resultados fiables en relación a las capacidades de este, así como a su margen de mejora.

Características de la simulación discreta

La simulación discreta se define por las siguientes características:

- El estado del sistema cambia parcialmente debido a la ocurrencia de eventos, que se almacenan en un contenedor.
- La ejecución de eventos puede generar eventos futuros.
- El orden de generación de los eventos puede no coincidir con el orden de ejecución, ya que cada evento está marcado por su tiempo.

Ejemplo de modelo de simulación discreta

Para comprender bien el concepto de la simulación discreta, mejor ilustrarlo con un ejemplo fuera de la informática, para resaltar que este tipo de pruebas son aplicables a casi cualquier ciencia.

Se quiere realizar una simulación que determine qué tipo de combustible es mejor en un período de cinco años para el mantenimiento de un vehículo.

El primer paso es crear los sujetos del modelo con sus características. En este caso, las características serían las propias de cualquier vehículo (cilindrada, etc.). Una vez que se han definido los sujetos del modelo, se procede a crear un gemelo idéntico, cuya única diferencia será el tipo de combustible utilizado.

El proceso de simulación continúa hasta la división de estos sujetos gemelos en el modelo cuando ocurre el evento de **Selección de combustible.**

A partir de ese instante, cada uno de los sujetos fluirá por una rama distinta del modelo, cada una con sus características propias (tales como averías frecuentes de los vehículos de cada tipo de combustible, averías comunes, etc.). Cada evento que se produzca generará un coste, que se irá contabilizando.

El modelo de simulación termina cuando los vehículos dejan de ser utilizables o bien cuando el tiempo de estudio del modelo llega a su fin, en este caso, 5 años.

Actividades

4. ¿Qué diferencias existen entre elaborar un gráfico con *MS Excel* y con *LibreOffice Hoja de cálculo?*
5. Nombre las medidas que se pueden tomar en el caso de detectar que la memoria RAM del equipo es insuficiente.

7. Resumen

A la hora de comprar un equipo o de asignarle funciones a un ordenador dentro de una empresa, hay que realizar un estudio de su rendimiento, para el que se tendrán en cuenta diferentes componentes.

En primer lugar, el microprocesador, que es el cerebro del ordenador, donde se realizan todos los cálculos. Hay que medir su efectividad siempre en relación al tiempo que tarda en realizar una acción. Es el tiempo de ejecución.

Posteriormente, hay que hablar del disco duro, componente donde se almacenan datos y programas. Hay que tener en cuenta su capacidad y velocidad de transferencia de datos, dada por su estándar UDMA o SATA.

La placa base es otro componente muy importante, ya que establece los límites físicos de expansión del sistema, es decir, la cantidad de memoria RAM, el procesador que puede serle instalado, la tarjeta gráfica, etc. La placa base es el centro de conexión de todos los demás componentes.

La memoria RAM es la memoria de trabajo de un ordenador. En ella se almacenan los archivos recientemente usados, así como los archivos recurrentes. De ella hay que tener en cuenta su capacidad y su velocidad.

El último componente que se debe tener en cuenta a la hora de medir el rendimiento de un ordenador es la tarjeta gráfica, que se compone de un microprocesador y una memoria RAM exclusivamente dedicada a la gestión de gráficos, para descargar el microprocesador y la memoria RAM del ordenador. Es recomendable tenerla en cuenta si en el equipo se utilizan programas de diseño gráfico o similares.

Para medir el rendimiento de estos componentes, tanto *Windows* como *Linux* cuentan con herramientas que ayudan a monitorizar y medir el rendimiento. En *Windows* se pueden encontrar el Administrador de tareas y el Monitor de recursos, mientras que en *Linux* se pueden utilizar sentencias como **free, uptime, top** o **iostat,** así como aplicaciones como *Conky.*

Una vez los datos monitorizados, es recomendable elaborar gráficas para facilitar su análisis. Con una gráfica, se pueden observar de un solo vistazo los valores más importantes que se han analizado. Para ello, se pueden utilizar los programas *MS Excel* y *LibreOffice Hoja de cálculo*, que permiten introducir tantas muestras de datos como sean necesarias y elaborar una gráfica con ellas de una forma muy sencilla.

El estudio de estas gráficas y datos tiene como objeto tomar las decisiones necesarias en el caso de que el ordenador no cumpla con un rendimiento mínimo y presente irregularidades en el funcionamiento cuando la carga de trabajo excede ciertos límites. En relación al componente afectado, se habrán de tomar ciertas medidas para mejorar el rendimiento.

Por último, se puede predecir la carga que soportará el ordenador en un futuro utilizando las herramientas de modelado, que permiten crear una simulación de la carga de trabajo.

Ejercicios de repaso y autoevaluación

1. **¿Cuáles son las piezas que más influyen en el rendimiento final de un ordenador?**

____

____

2. **Defina brevemente los siguientes conceptos.**

   a. Microprocesador.
   b. Memoria RAM.
   c. Tiempo de ejecución.
   d. GPU.

3. **Complete la tabla siguiente.**

Estándar	*Rendimiento (Mb/s)*
UDMA 0	16,7

4. De las siguientes afirmaciones, diga cuál es verdadera o falsa.

a. La memoria RAM realiza los cálculos del ordenador.

- ☐ Verdadero
- ☐ Falso

b. La memoria RAM de una tarjeta gráfica es igual a la del ordenador, pero especializada en gestión de gráficos.

- ☐ Verdadero
- ☐ Falso

c. La resolución de pantalla y la frecuencia de refresco repercuten en la salud del usuario.

- ☐ Verdadero
- ☐ Falso

d. Los componentes de un ordenador van conectados al disco duro.

- ☐ Verdadero
- ☐ Falso

5. ¿Es necesario monitorizar los parámetros de la tarjeta gráfica en el uso normal de un ordenador?

____

____

6. ¿Es el Monitor de recursos igual que el Administrador de tareas en sistemas *Windows?*

____

____

7. En *Linux*, ¿free es un comando estático o dinámico? ¿Qué se ha de hacer para convertirlo de un tipo a otro?

____

____

8. Describa brevemente qué utilidad cree que tiene la elaboración de gráficos de rendimiento carga/*software*.

____

____

____

____

9. Seleccione el concepto que crea más adecuado para completar cada sentencia.

a. Para elaborar un gráfico se introducen los datos en dos filas/columnas.
b. Cuanto más alta sea la carga provocada en el componente, más negativo/positivo será el resultado.
c. Todas las mejoras que se pueden realizar en los componentes de un ordenador son iguales/varían según el componente.
d. Cuando hay una carga de trabajo alta y se ejecutan más aplicaciones no pasa nada/pueden ocasionarse errores.

10. Partiendo del siguiente gráfico, ¿considera que el rendimiento del componente es el adecuado?

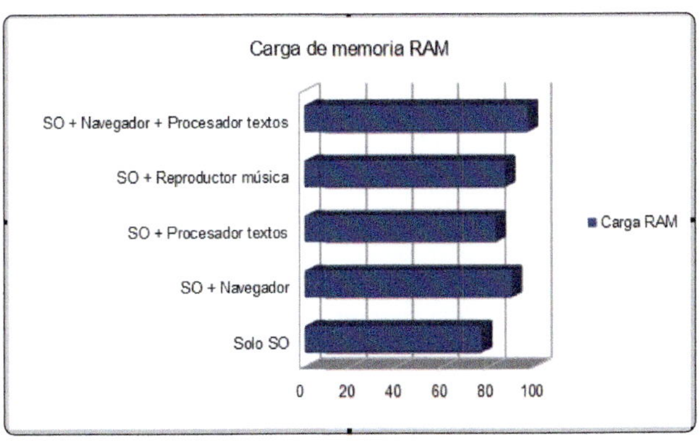

11. Tomando en cuenta el gráfico anterior, describa qué solución aportaría para solucionarlo.

12. ¿Qué consideración hay que tener en cuenta antes de cambiar el disco duro de un ordenador?

13. ¿Es cierto que todas las tarjetas gráficas son compatibles con todas las placas base? ¿Por qué?

14. Defina las herramientas de modelado.

15. Relacione los siguientes conceptos.

a. Iostat.
b. GPU.
c. Tiempo de usuario.
d. Capacidad.

__ Disco duro.
__ Tarjeta gráfica.
__ Microprocesador.
__ *Linux.*

Capítulo 2

Realizar pruebas de carga para comprobar la escalabilidad del sistema y su adecuación a las necesidades presentes y futuras de la organización

Contenido

1. Introducción
2. Seleccionar las herramientas adecuadas para la realización de las pruebas de carga en función de los servicios a prestar
3. Diseñar e implementar el plan de pruebas de carga
4. Realizar las pruebas de carga sin provocar problemas de disponibilidad de servicio en el sistema en producción
5. Representar e interpretar el resultado de las pruebas de carga
6. Resumen

1. Introducción

Un sistema informático es un conjunto de equipos informáticos individuales relacionados entre sí, cada uno con una función específica dentro del conjunto.

La función que presenta cada equipo se puede agrupar en dos grupos: clientes y servidores.

Un servidor es un equipo informático que provee a otros equipos de recursos para realizar su trabajo. Es decir, en él se almacenan los datos a consultar, programas a ejecutar, etc.

Un cliente es el equipo informático que consulta al servidor para la utilización de esos archivos o datos y realizar sus funciones.

Un ejemplo perfecto de este sistema es Internet. Las páginas web están alojadas en servidores externos, es decir, ordenadores ubicados en cualquier punto del globo. Cuando un ordenador accede a una web, lo que realmente está haciendo es solicitar a ese servidor acceso a su contenido, con lo cual se visualiza en la pantalla el contenido que se almacena en el servidor.

Según el rol que vaya a desempeñar un equipo informático, tendrá que contar con unas características u otras. Para determinar la capacidad del equipo, se han diseñado las denominadas pruebas de carga, que simulan el acceso de cierto número de usuarios al servidor y facilitan los resultados de la simulación. La interpretación de estos determinará la idoneidad o no del sistema en general, así como sus límites.

2. Seleccionar las herramientas adecuadas para la realización de las pruebas de carga en función de los servicios a prestar

A la hora de realizar las pruebas de carga sobre el sistema, es importante saber qué papel va a jugar cada uno de sus elementos, así como las cargas de trabajo con las que se realizarán estas pruebas. De lo contrario, todo el proceso del plan de pruebas de carga será totalmente inútil, ya que los resultados no serán fiables.

Existen multitud de herramientas diseñadas para realizar este tipo de pruebas en sistemas informáticos, pero este manual se centrará en la desarrollada por la compañía Apache, denominada *Apache JMeter.*

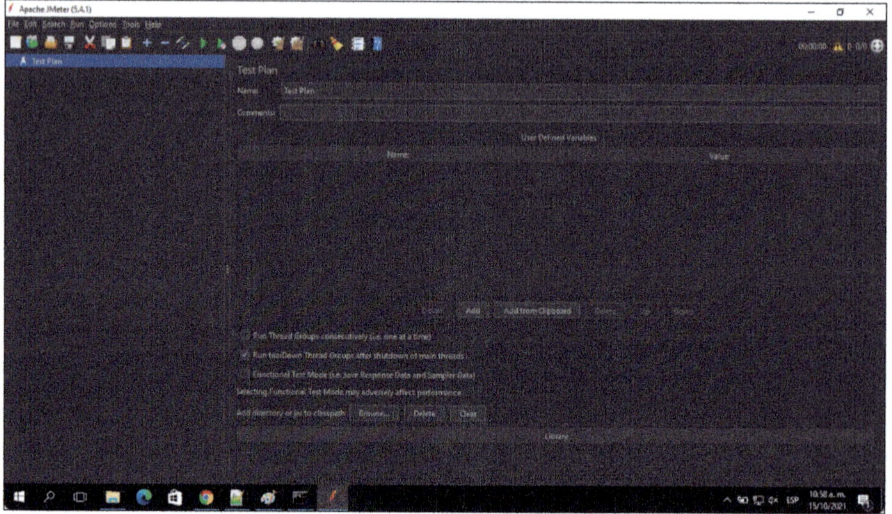

Pantalla inicial de apache JMeter

Se ha seleccionado esta herramienta debido a la extensión de su uso, ya que es una de las más utilizadas, en gran parte por las posibilidades que ofrece al usuario. Es una herramienta muy potente y de uso gratuito.

Además, es multiplataforma, es decir, se puede usar prácticamente en todos los sistemas operativos *(Windows, Linux, MacOS,* etc.), sin que sus funciones varíen o su potencia se vea reducida. La única diferencia entre las versiones de *Windows* y *Linux* es el modo de ejecutar la aplicación.

Apache JMeter permite realizar pruebas muy diversas a servidores FTP, bases de datos, aplicaciones web, objetos java, etc., con lo que es una herramienta más que suficiente para testear prácticamente la totalidad de roles que pueden aparecer en un sistema informático.

Al tener esta gran cantidad de posibilidades, se han de definir muy concretamente las pruebas que se realizarán a cada equipo en consonancia a su rol. Este proceso es el denominado **desarrollo del plan de pruebas.**

Durante la fase de desarrollo del plan de pruebas, se han de definir las pruebas que se harán a cada equipo, así como la carga de trabajo que se administrará en cada una de ellas y el protocolo de actuación en caso de aparición de errores antes de lo previsto.

Importante

Al suministrar una carga de trabajo durante las pruebas de carga, es posible que aparezcan errores antes de los límites previstos. En ese caso, es necesario decidir cómo actuar ante estos errores. Si la carga de trabajo suministrada está dentro de los parámetros normales de la organización, no queda otra opción que subsanar el error inmediatamente, ya que entorpecería el funcionamiento normal del sistema. Si está fuera de estos parámetros, se debe dejar constancia de la aparición de los errores y estudiar la posibilidad de solucionarlos en cuanto se prevea que pueden suponer un problema.

En caso de realizar pruebas de carga a un servidor, se deberán realizar pruebas con hilos *(threads)*. Un hilo no es más que una petición simulada al servidor, es decir, un usuario ficticio que accede al contenido del servidor.

Por norma general, estas pruebas comienzan con una cantidad pequeña de peticiones (hilos) en un tiempo determinado, para ir incrementándose en sucesivas pruebas e ir monitorizando los resultados. Una vez que se tengan suficientes datos extraídos de estas pruebas, se podrá identificar si el sistema es adecuado o si se origina un cuello de botella que dificulta su correcta funcionalidad.

En ocasiones, al realizarse un número determinado de peticiones en un tiempo determinado (dependiendo del sistema que se esté analizando), el servidor se colapsa sin motivo aparente. Esto es debido a que la concurrencia de peticiones es demasiado elevada y se origina lo que se llama **cuello de botella.**

Quiere decir que las peticiones no pueden entrar en el servidor y este termina colapsado. En estos casos, lo recomendable es aumentar el tiempo de la prueba hasta que el servidor responda correctamente a las peticiones, si se quiere trabajar con un número mayor de estas.

De cualquier modo, es útil identificar la carga máxima que puede gestionar un sistema en un tiempo determinado y se debe tener en cuenta el punto en el que se presenta por primera vez un cuello de botella.

Por otra parte, si el equipo no se utiliza como servidor (es decir, se utiliza para solicitar acceso al servidor, pero nadie accede a ninguna información del equipo), la realización de pruebas de carga no será un factor determinante para definir su idoneidad. Esto es debido a que ese tipo de equipos solo trabaja con un usuario a la vez, lo que limita los procesos concurrentes a los que un solo usuario puede ejecutar y, si el equipo está correctamente configurado, no ha de presentar ningún tipo de problema.

3. Diseñar e implementar el plan de pruebas de carga

A la hora de diseñar e implementar el plan de pruebas de carga, en primer lugar se han de definir claramente los objetivos que se persiguen con las pruebas. En la mayoría de los casos, la finalidad de las pruebas es comprobar la idoneidad en los tiempos de acceso al servidor para cada carga de trabajo, así como definir los límites de las cargas de trabajo que puede gestionar este.

Cuando estos objetivos están claramente definidos, se procede a la elección de los tiempos y cargas de trabajo que se utilizarán como base de las pruebas.

Importante

Establecer los objetivos facilita el posterior diseño de las pruebas de carga y supone un ahorro de tiempo. En consecuencia, mejora la efectividad de estas.

Por ejemplo, para establecer los límites de la carga de trabajo, se recomendaría comenzar con una carga pequeña de hilos durante un tiempo de un segundo, para poco a poco ir incrementando la carga de trabajo hasta hallar el límite.

Esta medición no es 100 % fiable, ya que, si toda la carga de trabajo se concentra en tan poco tiempo, no es real, pues las peticiones que generan los usuarios en el uso natural de un sistema están distribuidas en tiempos más elevados.

Para obtener una medición más fiable, se recomienda realizar pruebas de carga en varios intervalos de tiempo. Como ejemplo, se puede hallar el límite de hilos que el sistema trata en un segundo y posteriormente elevar el tiempo hasta encontrar el límite nuevamente.

Para calcular correctamente los tiempos de acceso que presenta el servidor, es necesario realizar un estudio de su carga media de trabajo y aplicarla en un tiempo determinado. Esta prueba devolverá el tiempo de respuesta del servidor.

Una vez realizadas estas pruebas, se podrá estudiar tanto el comportamiento del servidor actualmente como la escalabilidad del propio sistema. Al haber encontrado los límites de trabajo de este, se ha de realizar un estudio sobre la perspectiva de cargas de trabajo en la organización y, en base a estas futuras cargas, definir si el sistema podrá soportarlas satisfactoriamente o si por el contrario es necesario realizar algunos cambios.

3.1. Elementos de las pruebas de carga

Llegados a este punto, donde tanto los equipos como los objetivos están claramente definidos, es el momento de entrar en materia analizando los elementos de los que se dispone en *Apache JMeter* para realizar estas pruebas de carga.

La interfaz gráfica de *Apache JMeter* es muy parecida a la de cualquier *software* que se puede utilizar en *Windows.* En la parte superior se encuentra la típica barra de menús que aparece en prácticamente cualquier aplicación; en la izquierda se encuentra el listado de elementos del plan de pruebas de carga y, en la parte central/derecha, los detalles del elemento. Cada vez que se haga clic en un elemento del listado, la pantalla de detalles cambiará a las propiedades de dicho elemento.

Para añadir elementos al plan de pruebas de carga, se ha de hacer clic derecho sobre el nombre del plan de pruebas, en el listado de elementos. Por defecto, este nombre es Plan de pruebas, pero es totalmente personalizable en sus propiedades.

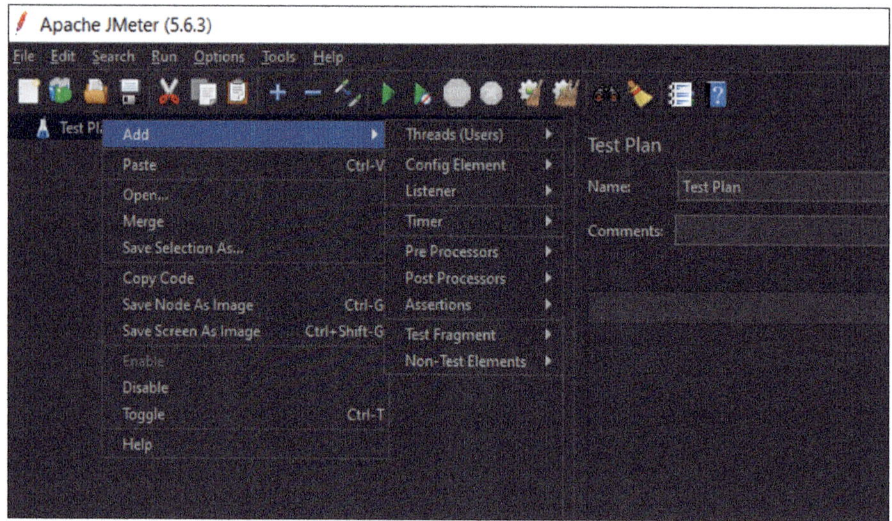

Menú desplegable de Apache JMeter

En la imagen, se observa que, al desplegar el menú **Añadir,** aparecen los diferentes elementos de los que constará el plan de pruebas.

Cada grupo de elementos tiene unas funciones dentro del plan de pruebas:

- **Hilos:** usuarios virtuales con los que se realizan las pruebas. Cada hilo representa una interacción de un usuario con el servidor. Son el elemento básico con el que se realizarán las pruebas de carga.

- **Fragmento de prueba:** este componente establece otra subcarpeta dentro del plan de pruebas. Es recomendable dividir el plan de pruebas en fragmentos cuando se trata de planes muy extensos, ya que facilita la identificación de los distintos elementos de un solo vistazo.
- **Elemento de configuración:** los elementos de configuración agregables al plan de pruebas establecen automatismos en este. Pueden ir desde los parámetros de acceso al servidor remoto (dirección IP, usuario, contraseña, etc.) hasta los valores por defecto de las peticiones a las bases de datos.
- **Temporizadores:** controlan los espacios relativos al tiempo entre cada grupo de hilos del plan de pruebas.
- **Preprocesadores:** permiten ejecutar acciones antes de la ejecución de las pruebas.
- **Postprocesadores:** la misma función que los preprocesadores, pero al finalizar las pruebas.
- **Aserciones:** se encargan de la validación de los datos procedentes del servidor.
- **Receptores:** encargados de mostrar la información que genera el proceso de pruebas de carga. Pueden mostrarlo en formato texto o gráfico, así como solo la información del envío de información, la de recepción o ambas.

Por otro lado, existe el **Banco de trabajo.** Este elemento, externo del plan de pruebas, se utiliza para configurar y grabar las navegaciones. Esto es, reproducir la secuencia de navegación, capturando las peticiones HTTP que lanza el navegador. Posteriormente, se pueden editar y reutilizar en diferentes pruebas, para tratar los resultados que devuelve.

Es importante saber que el banco de trabajo solo está activo en la sesión actual. Es decir, cada vez que se inicie *Apache JMeter,* habrá que configurar el banco de trabajo. Para salvar el banco de trabajo, se ha de hacer clic derecho sobre él y seleccionar la opción **Guardar selección como.** Al volver a iniciar el programa, si se quiere utilizar el banco de trabajo salvado anteriormente, se ha de abrir en primer lugar un plan de pruebas de carga previamente salvado y, para cargar el banco de trabajo, utilizar la opción **Mezclar** del menú **Archivo.**

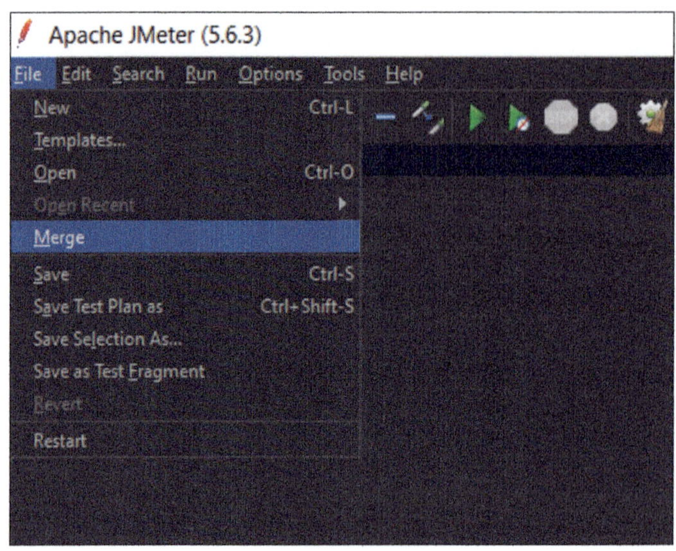

Opción para importar un banco de trabajo previamente guardado

3.2. Configurar pruebas de carga en servidor local

Para realizar las pruebas de carga desde el propio servidor, se han de realizar de este modo. Esto es, que el propio servidor realiza las funciones de cliente y servidor, enviándose a sí mismo la carga de trabajo y analizando los resultados.

Para ello, en primer lugar se agregará un grupo de hilos (carga de trabajo) en el plan de pruebas.

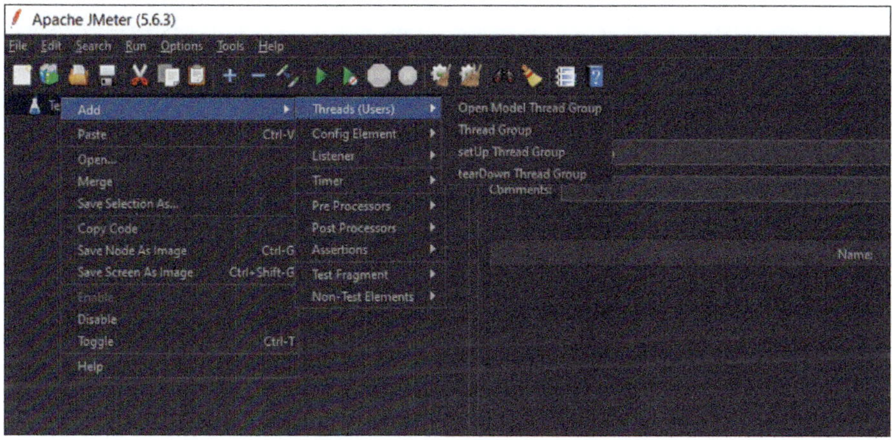

Añadir un grupo de hilos

Una vez añadido, se configura la carga de trabajo (número de hilos) y el tiempo de subida de estos según las necesidades que se observen.

Posteriormente, se ha de agregar la configuración del grupo de hilos. Es muy importante que, al añadirlo, se haga clic derecho sobre el grupo de hilos y posteriormente en **Añadir,** ya que estos elementos funcionan por anidamiento. Es decir, la configuración (en este caso sería **Valores por defecto para petición HTTP)** se refiere al elemento del que depende. Si se agrega directamente dependiente del plan de trabajo, no se obtendrán los mismos resultados que si se agrega dependiente del grupo de hilos.

Aclarado esto, se ha de hacer clic derecho sobre el **Grupo de hilos → Añadir → elemento de configuración → Valores por defecto para petición HTTP.**

Ahora es el momento de configurar los **Valores por defecto para petición HTTP,** que es el elemento que ordenará a las pruebas realizarse en servidor local (también llamado **localhost).**

Al seleccionar el elemento **Valores por defecto para petición HTTP,** se despliegan sus parámetros en el marco derecho de la pantalla de *Apache JMeter.* En ella, se puede modificar el nombre del elemento (es recomendable utilizar nombres que sean claros y concisos, ya que en un plan de pruebas se pueden encontrar muchos elementos del mismo tipo y hay que saber diferenciarlos para configurarlos correctamente), así como las propiedades intrínsecas de cada uno de los elementos que se pueden agregar.

En este caso, el más importante es el que viene señalado con la etiqueta **Servidor web.** En él, aparecen dos elementos importantes:

- **Nombre del servidor o IP:** determina hacia dónde van a salir los hilos con la carga de trabajo. En este campo se introduce la dirección IP del servidor remoto o la sentencia que lo habilita para dirigir la carga hacia el servidor local. En este caso, la sentencia será **localhost,** ya que se realizan las pruebas en servidor local.
- **Puerto:** puerto lógico por el que se lanzará la carga de trabajo. Para las pruebas en servidor local, se suele utilizar el puerto **8080.**

Una vez configurado el destino de los grupos de hilos, se añade un **Receptor,** que no es más que el tipo de elemento que representa en un informe o gráfico los resultados de las pruebas de carga.

Para ello, hay que posicionarse de nuevo sobre el grupo de hilos, hacer clic derecho y seguir la siguiente ruta: **Añadir → Receptor.**

Para esta ocasión, se seleccionará un receptor llamado **Resultados del monitor.** Al final, la estructura del plan de pruebas quedará de la forma en que se muestra en la siguiente imagen, con la configuración de los **Valores por defecto para petición HTTP.**

Por último, se ha de agregar la petición en sí. Cuando se agrega el elemento **Valores por defecto para petición HTTP** (o cualquier tipo de este elemento), lo que se está es proporcionando una configuración estándar para las peticiones de ese tipo que se envían al servidor. Para ello, se hará clic derecho en el **Grupo de hilos → Añadir → Muestreador → Petición HTTP** (en este caso). Dependiendo del tipo de petición que se vaya a agregar a las pruebas de carga, se agregará un elemento u otro.

Nota

Si las pruebas de carga solo van a constar de una petición, no es necesario agregar el elemento Valores por defecto para petición XXX, ya que dentro de la configuración de la petición se añadirán los valores deseados.

Una vez que todos los elementos estén agregados en el plan de pruebas de carga, solo hay que hacer clic en el menú **Lanzar** y posteriormente en la opción **Arrancar** para que el test dé comienzo.

3.3. Configurar las pruebas en servidor remoto

Para configurar las pruebas de carga y que estas se realicen en un servidor remoto, hay que configurarlas de otra forma. Una vez que se agreguen los elementos, se ha de configurar en **Valores por defecto para petición XXX** o en **Petición XXX** el destino de las pruebas. Esto es, indicar en **Nombre de servidor o IP** la dirección IP del servidor remoto, así como el puerto por el que se realizarán las comunicaciones con el servidor externo.

En cualquier caso, la estructura del plan de pruebas no ha de variar, ya que lo más importante es que se referencie correctamente la dirección del servidor remoto para evitar errores.

Aplicación práctica

Elabore un plan de pruebas para estresar un servidor llevándolo a su límite de interacciones en uno, diez y treinta segundos.

Continúa en página siguiente >>

<< Viene de página anterior

SOLUCIÓN

En primer lugar, se ha de crear un nuevo plan de pruebas, con su correspondiente nombre y definir qué elementos se agregarán.

Al ser una prueba de estrés, bastará con agregar un grupo de hilos y, dentro de este, una petición del tipo deseado y un receptor para visualizar el resultado. Recuerde configurar la petición con los valores correctos, ya sea para servidor local (localhost) o servidor remoto (IP del servidor remoto).

Una vez que se tengan los elementos agregados, se configurará el grupo de hilos con una carga elevada de trabajo para hallar el límite del servidor. Primero, en un tiempo de un segundo y una vez que se encuentre ese límite, se repetirán las pruebas con diez segundos y treinta segundos, para obtener más fiabilidad en las pruebas.

Actividades

1. Nombre y defina brevemente 3 elementos que se puedan encontrar en un plan de pruebas de carga en *Apache JMeter.*
2. ¿Qué es ejecutar las pruebas de carga en servidor local? ¿Y en servidor remoto?
3. Explique brevemente cuál es la carga idónea para unas pruebas de trabajo que muestre un resultado fiable y realista. Justifique la respuesta.

4. Realizar las pruebas de carga sin provocar problemas de disponibilidad de servicio en el sistema en producción

Llegados a este punto, el plan de pruebas de carga está definido y diseñado, con lo cual solo queda implementarlo e interpretar sus resultados. Pero ¿cuál es el momento óptimo para ejecutar el plan de pruebas de carga?

Hay que tener en cuenta diversos factores para decidir el momento adecuado para ejecutarlo. El plan de pruebas de carga debe ser fiable, así que debe ejecutarse en un lapso de tiempo en el que no concurran otras peticiones en el servidor que puedan ocasionar unos resultados engañosos. Por otro lado, si las pruebas que se van a ejecutar consisten en estresar el servidor provocando su caída, este quedará inutilizado para cualquier tipo de petición, interrumpiéndose el sistema de producción de la organización o, al menos, aquellos nodos del sistema que dependan directamente de accesos al servidor.

Por fortuna, *Apache JMeter* cuenta con un planificador que permite ejecutar las pruebas de carga automáticamente en el momento que se desee, incluso sin estar presente para su ejecución.

Para definir correctamente el lapso de tiempo oportuno para la realización de estas pruebas y así configurar el planificador, se han de estudiar las dinámicas de trabajo de la organización y buscar el punto en el cual el servidor no recibe peticiones de carga de trabajo por parte de los usuarios. Asimismo, se han de analizar los posibles problemas que pueden aparecer si las pruebas derivan en una caída del servidor, ya que, para reiniciarlo y que vuelva a funcionar, ha de estar alguien presente.

Una vez que se hayan estudiado estas variables y se defina el momento perfecto para su ejecución, se pasará a configurar el planificador.

Este planificador se encuentra en cada grupo de hilos y permite configurar el momento en el que se inicia la prueba de carga y el momento en el cuál debe terminar.

Una vez se haya configurado cada planificador de los grupos de hilos, estos se iniciarán automáticamente cuando llegue su momento.

Por otro lado, *Apache JMeter* ofrece la posibilidad de ejecutar las pruebas en modo remoto. Esto es, ejecutar las pruebas desde un ordenador externo al sistema, en el cual se puede acceder a todos los equipos que cuenten con *JMeter* instalado y configurado para tal efecto.

Usted debe planificar la ejecución de un plan de pruebas para una organización y, una vez realizado el estudio de la carga de trabajo de la organización, se determina que el momento idóneo para realizarlas es durante el fin de semana, ya que el servidor no se utiliza en ese período de tiempo. ¿Qué consideraciones tendría en cuenta para realizarlas sabiendo que el acceso a las instalaciones de la organización no es posible durante el período de tiempo elegido para las pruebas?

SOLUCIÓN

Un aspecto a tener muy en cuenta es diseñar las pruebas con la carga suficiente como para no estresar el servidor, ya que si el acceso a este está restringido, no se podrá reiniciar si ocurre una caída. Asimismo, se ha de tener en cuenta el orden de las pruebas para evitar que se originen cuellos de botella en las peticiones y ocurra una caída.

Por otra parte, se ha de monitorizar el transcurso de las pruebas de carga con las herramientas que proporciona el *software,* ya que, en caso de que ocurra un imprevisto, se ha de identificar rápidamente para poder solventarlo en futuras pruebas.

5. Representar e interpretar el resultado de las pruebas de carga

Para observar los resultados de las pruebas de carga, *Apache JMeter* cuenta con diversos tipos de informe que permitirán observar datos diferentes de cada acceso al servidor. Cabe destacar que los receptores no son incompatibles entre sí, con lo cual se pueden agregar varios al plan de pruebas de carga para visualizar los resultados de forma distinta.

Los receptores que proporciona *Apache JMeter* son de muy diversos tipos, donde se pueden encontrar gráficos, informes detallados o simplemente resultados simples de las peticiones.

Estos receptores ofrecen unas opciones comunes de configuración, así como las opciones propias de cada tipo de elemento. Entre las opciones comunes, se puede encontrar la posibilidad de exportar los resultados a un archivo externo en lugar de mostrarlo en el propio *JMeter,* lo cual facilitaría el estudio de los resultados al poder transportar estos archivos de un lugar a otro para poder interpretarlos más detenidamente.

Una vez que se tengan los resultados de los receptores, las variables a las que hay que prestar más atención para realizar un estudio concluyente y preciso son las siguientes:

- **Tiempos de acceso:** cuando se refiere a tiempos de acceso, se refiere a la cantidad de tiempo que emplea el servidor en procesar la petición. Hay diversas mediciones en el tiempo (latencia, tiempo de muestra, etc.), con lo cual hay que identificar cada una de ellas y comparar los resultados con sus valores óptimos para establecer las conclusiones sobre el estado del sistema.
- **Errores:** en ocasiones se producirán errores al realizar las peticiones. Esto no debería ser preocupante a no ser que se supere un cierto porcentaje de tolerancia. Tanto el número real de errores como el porcentaje de los mismos respecto al total de peticiones pueden ser consultados utilizando los diferentes receptores.
- **Datos de rendimiento:** indican el trabajo que está realizando el equipo. En los gráficos incluidos en *Apache JMeter,* se ofrece la posibilidad de hallar, por ejemplo, el rendimiento medio, así como la mediana y otras funciones matemáticas que pueden ser de bastante utilidad a la hora de definir la idoneidad del sistema o su escalabilidad.

5.1. Análisis de un gráfico de ejemplo

Para observar claramente los elementos referidos, se va a proceder a analizar un gráfico de ejemplo. El receptor seleccionado es el **Gráfico de resultados,** en el que se observan la media, la mediana y la desviación típica de los resultados de las solicitudes, así como el rendimiento general del sistema.

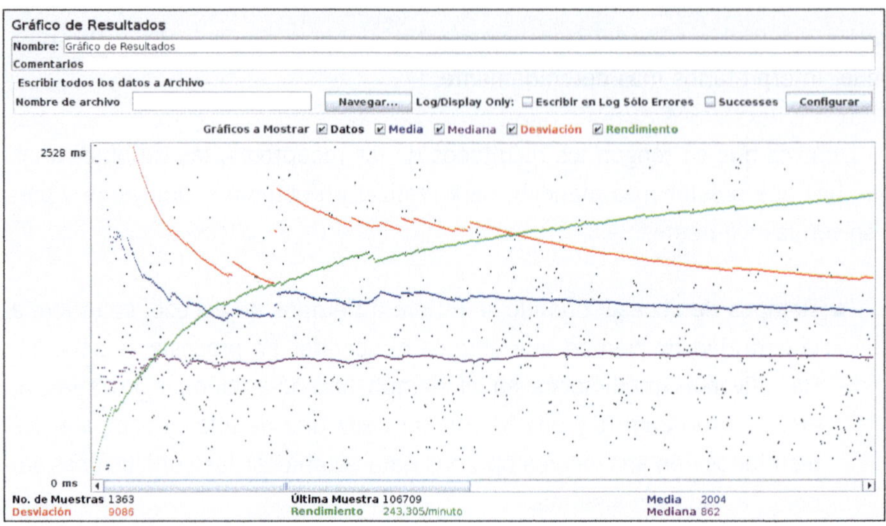

Ejemplo de gráfico de resultados de Apache JMeter

En este gráfico se muestran los datos mencionados, utilizando un código de colores para facilitar su visualización.

Se observa que cada petición se muestra con un punto negro. Se observa que las peticiones van resolviéndose en un tiempo que va desde 0 ms a 2.528 ms (milisegundos). El eje vertical muestra el tiempo de resolución de cada petición, mientras que el horizontal muestra el tiempo de desarrollo de la prueba.

En primer lugar, se analizará la línea verde, correspondiente al rendimiento. Se observa que, conforme avanza la prueba en el tiempo, el rendimiento va aumentando, hasta casi mantenerse constante al final, decreciendo su aceleración y alcanzando el rendimiento máximo del sistema.

La media de los tiempos de resolución de las peticiones se muestra con la línea azul. En este gráfico está en torno a los 2.000 ms.

Por otro lado, la mediana (línea púrpura) se muestra sensiblemente por debajo de la media, en torno a los 800 ms. Cabe recordar que la media es mucho más sensible a los valores de pico máximos y mínimos, viéndose alterada en gran medida por esos valores, mientras que la mediana no se ve afectada en gran medida por esos valores atípicos.

La desviación estándar (línea roja) da una idea de la precisión de los datos. Es un concepto estadístico cuya explicación no corresponde a este manual.

Una vez que se han identificado los elementos del gráfico e interpretado su comportamiento, se puede deducir que:

a. Conforme aumenta la duración de la prueba en el tiempo, el rendimiento también aumenta hasta mantenerse casi estable. Esto quiere decir que, una vez que el sistema trabaja con cierta carga de trabajo, sus funciones tienden a la estabilidad, con lo cual puede gestionar perfectamente esa carga de trabajo.
b. Asimismo, la desviación estándar también se estabiliza conforme avanza la prueba, con lo cual la precisión de los datos obtenidos es bastante mayor.
c. También se puede observar, analizando las peticiones (puntos negros del gráfico), que conforme se avanza en el tiempo tiende a desaparecer la aparición de picos altos, con lo cual se deduce que, a mayor rendimiento del sistema, menor tiempo de resolución en las peticiones y mayor grado de efectividad.

Este gráfico es un ejemplo de un sistema que funciona correctamente, aunque sin llegar a ser un sistema óptimo, ya que presenta varias deficiencias en cuanto al tiempo de resolución de las peticiones, sobre todo en lo referente a picos de tiempo altos en momentos puntuales.

Aplicación práctica

En base a lo visto en el ejemplo anterior, interprete el siguiente gráfico de resultados.

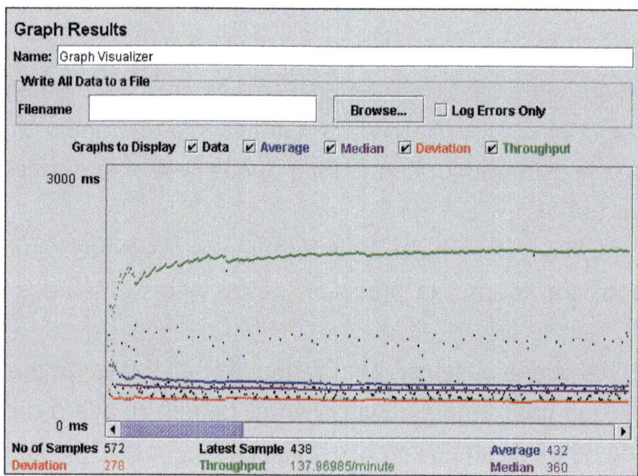

Ejemplo de gráfico

SOLUCIÓN

En este gráfico se puede observar claramente cómo el rendimiento es muy bueno desde el primer momento, ya que muy pronto alcanza una estabilidad en el sistema que permite gestionar las peticiones bastante rápido.

La media (línea azul) y la mediana (línea púrpura) del tiempo de resolución de peticiones son bastante bajas, con lo cual da a entender que la resolución de las peticiones se realiza bastante rápido, en unos 400 ms.

La desviación estándar se mantiene estable y baja, lo que indica que la precisión de las mediciones es bastante certera.

Por último, al analizar las peticiones individuales (puntos negros) se observa que existen muy pocos picos excesivamente altos, mientras que la gran mayoría de estas se mantienen alrededor de la mediana. En cualquier caso, sus tiempos de acceso son generalmente bajos.

De este gráfico se puede deducir que el sistema funciona a la perfección con la carga de trabajo suministrada para esta prueba.

Actividades

4. ¿Se pueden planificar las pruebas de carga para que se ejecuten sin estar el técnico presente? ¿Cómo?
5. ¿Qué son los receptores y para qué se utilizan?
6. ¿Qué variables hay que tener en cuenta a la hora de analizar un resultado de unas pruebas de carga?
7. ¿Qué indicaría un gráfico cuyas líneas correspondientes a la media y a la mediana estuviesen muy separadas entre sí?

6. Resumen

Las pruebas de carga son unos procesos de validación de idoneidad que se ejecutan en los sistemas informáticos para definir su respuesta a determinadas cargas de trabajo en tiempos controlados, así como para definir la escalabilidad del propio sistema a través del análisis de su comportamiento.

Para realizar las pruebas de carga se han de utilizar un tipo de *software* determinado, que suministra la carga de trabajo virtual a los equipos del sistema bajo situaciones controladas por el técnico.

La labor del técnico en las pruebas de carga es definir tanto la carga de trabajo como los tiempos en los que esta será suministrada. Es recomendable que se utilicen valores que se aproximen a la realidad, si lo que se quiere es medir el rendimiento del sistema bajo una situación normal de trabajo.

Si se quiere medir la escalabilidad, es decir, hasta dónde puede llegar el sistema, se han de utilizar valores atípicos en cuanto a carga de trabajo y tiempo de esta. Al utilizar valores que estén por encima de la carga normal, se podrá obtener cuál sería el punto en el que el servidor colapsaría al no poder gestionar esa carga de trabajo y, en consecuencia, se provocaría una caída del sistema. Es recomendable ejecutar antes las pruebas de estrés para averiguar los límites del sistema.

Una vez se realicen las pruebas con las cargas de trabajo y tiempo adecuadas, es el momento de interpretar los datos que facilita el *software*.

Se recomienda el uso de diversos tipos de informes, tales como los de detalle o los gráficos. A la hora de interpretar los datos, los gráficos son de gran utilidad, ya que con un solo vistazo se pueden obtener conclusiones que, a falta de un estudio más exhaustivo del resto de informes, podrán dar una idea del rendimiento, así como de qué medidas tomar en caso necesario.

Para interpretar correctamente estos datos, se han de tener en cuenta tres factores principales: el rendimiento del sistema, el tiempo de resolución de las peticiones y el número de errores provocados.

El rendimiento del sistema es la potencia que está desarrollando el sistema para gestionar esa carga de trabajo suministrada. Cuanto antes se mantenga estable, más correcto será el rendimiento.

El tiempo de resolución de las peticiones es el que emplea el sistema en resolver cada una de las peticiones individuales que le suministran como carga de trabajo. Cuanto menos elevado sea, mejor funcionará el sistema.

El número de errores que presente será el número de peticiones que el sistema será incapaz de resolver, ya sea por exceso de carga de trabajo o por diferentes factores. Es importante tenerlo en cuenta, ya que si los resultados de las pruebas de carga devuelven un elevado número de errores, aunque el resto de valores sean óptimos, algo no funciona correctamente en el sistema.

Ejercicios de repaso y autoevaluación

1. Defina el concepto de escalabilidad del sistema.

____

____

____

____

2. Seleccione las palabras adecuadas para que la sentencia siguiente sea correcta.

Los hilos son las peticiones virtuales/físicas que se utilizan como ejemplo/carga de trabajo en las pruebas de carga, un usuario real/ficticio que accede al contenido del servidor/cliente.

3. ¿Qué es un cuello de botella?

a. Cuando concurren muchas peticiones en un lapso de tiempo determinado y las peticiones enviadas no conectan con el servidor.
b. Cuando el gráfico resultante se asemeja a una botella.
c. Cuando hay muchos equipos cliente y muy pocos equipos servidor.
d. Cuando se cae el sistema por cualquier motivo.

4. Encuentre los 5 términos ocultos en la siguiente sopa de letras.

R	A	S	F	H	I	L	O
E	E	E	A	U	N	O	R
C	A	R	G	A	F	C	G
E	S	V	O	F	O	A	A
P	K	I	Q	T	R	L	N
T	T	D	A	T	T	O	S
O	J	O	T	R	I	S	I
R	A	R	A	P	L	A	M

5. Defina qué es un plan de pruebas de carga.

____

____

____

____

6. De las siguientes afirmaciones, diga cuál es verdadera o falsa.

a. Las pruebas de carga no se pueden dividir en fragmentos.

- ☐ Verdadero
- ☐ Falso

b. Las aserciones devuelven un gráfico con los resultados de las pruebas de carga.

- ☐ Verdadero
- ☐ Falso

c. *Apache JMeter* solo es una de las múltiples aplicaciones que se pueden utilizar para realizar pruebas de carga.

☐ Verdadero
☐ Falso

d. Es recomendable realizar las pruebas de carga cuando los usuarios están utilizando el sistema a pleno rendimiento.

☐ Verdadero
☐ Falso

7. ¿Qué diferencia existe entre realizar las pruebas en servidor local o en servidor remoto?

____
____
____
____

8. Relacione los siguientes conceptos:

a. Receptor.
b. Carga de trabajo.
c. Dirección IP.
d. Caída del sistema.

__ Cuello de botella.
__ Gráfico.
__ Grupo de hilos.
__ Servidor remoto.

9. ¿Cuál es la utilidad del planificador en Apache JMeter?

____
____
____
____

10. Defina el concepto de receptor.

____
____
____
____

11. ¿Por qué es necesario prestar atención a los tiempos de acceso a la hora de analizar los resultados de unas pruebas de carga?

____
____
____
____

12. Indique si la siguiente afirmación es correcta o no y por qué: La media y la mediana en un gráfico de resultados deben estar a la misma altura, ya que, de lo contrario, se determinará que el sistema está defectuoso.

____
____
____
____

13. Complete las siguientes sentencias con la palabra correcta.

a. Los tiempos de acceso en las pruebas de carga se miden en ___________ (___________).
b. El rendimiento del sistema tiende a ___________ en el transcurso de las pruebas.
c. El porcentaje de tolerancia se refiere a la aparición de ___________ en las pruebas.
d. La desviación estándar da una idea de la ___________ de las mediciones.

14. **¿Qué consideración hay que tener en cuenta a la hora de realizar una prueba de estrés para medir la escalabilidad de un sistema?**

    a. Proporcionar una carga de trabajo atípica, que supere la convencional.
    b. Proporcionar una carga de trabajo normal.
    c. Proporcionar una carga de trabajo muy por debajo de la normal.
    d. Las pruebas de estrés no utilizan carga de trabajo.

15. **¿Qué es el rendimiento del sistema medido en las pruebas de carga?**

    ____
    ____
    ____
    ____

Bibliografía

Monografías

- DANS Álvarez de Sotomayor, P.: *Windows 7: Manual imprescindible.* Madrid: Anaya Multimedia, 2009.

- DELGADO Cabrera, J. M.: *Windows 11. Manual Imprescindible.* Madrid: Anaya Multimedia, 2022.

- NEMETH, E.: *Administración de sistemas en Linux.* Madrid: Anaya Multimedia. 2007.

- PÉREZ Marqués, M.: *Windows 8 en profundidad.* Madrid: RC Libros, 2012.

Textos electrónicos, bases de datos y programas informáticos

- Manual oficial de *Microsoft Office*, de: <http://office.microsoft.com>.

- Manual oficial de *Apache JMeter,* The Apache Software Foundation, de: <http://jmeter.apache.org/usermanual/>.

- Marco de Desarrollo de la Junta de Andalucía (Madeja), de: <http://www.juntadeandalucia.es/servicios/madeja/contenido>.

- Universidad Complutense de Informática, de: <http://informatica.ucm.es/>.

- Muy Linux, de: <http://www.muylinux.com/>.